"十三五"科学技术专著丛书

中国移动支付市场机制与效率研究

高　丛　吕廷杰　张益群　著

北京邮电大学出版社
www.buptpress.com

内 容 简 介

全书共10章,结合我国移动支付发展现状,系统地分析了中国移动支付市场的机制与效率,并对其发展趋势进行初步研究。首先,本书概述了有中介的实物交易的市场机制现状,结合中国的具体国情,运用博弈论的古诺模型,提出移动支付在市场中有巨大的潜在发展空间,进而提出信息不对称的问题,在电子商务交易中,有中介的市场机制反而能够实现提高交易效率的规范分析。其次,本书运用激励理论分析了移动支付作为中介参与交易的市场微观结构。最后,本书运用杨小凯的劳动分工网络的超边际分析方法,预测了中国移动支付的未来市场机制。

图书在版编目(CIP)数据

中国移动支付市场机制与效率研究 / 高丛,吕廷杰,张益群著. -- 北京:北京邮电大学出版社,2018.12
ISBN 978-7-5635-5620-5

Ⅰ. ①中… Ⅱ. ①高…②吕…③张… Ⅲ. ①移动通信－通信技术－应用－支付方式－研究－中国
Ⅳ. ①F832.6-39

中国版本图书馆 CIP 数据核字(2018)第 247991 号

书　　名	中国移动支付市场机制与效率研究
责任编辑	徐振华　孙宏颖
出版发行	北京邮电大学出版社
社　　址	北京市海淀区西土城路10号(邮编:100876)
发 行 部	电话:010-62282185　传真:010-62283578
E-mail	publish@bupt.edu.cn
经　　销	各地新华书店
印　　刷	北京九州迅驰传媒文化有限公司
开　　本	787 mm×1 092 mm　1/16
印　　张	8.75
字　　数	213 千字
版　　次	2018年12月第1版　2018年12月第1次印刷

ISBN 978-7-5635-5620-5　　　　　　　　　　　　　　　定　价:38.00元

・如有印装质量问题,请与北京邮电大学出版社发行部联系・

前　言

随着智能手机的普及,移动互联网已成为人们日常生活不可或缺的一部分,移动支付已成为人们日常购物的主要支付方式之一。本书是在移动支付普及且市场发展前景广阔的背景下编写的,十二年前,2006年7月我的博士论文《中国移动支付市场机制与效率研究》通过答辩,虽然论文答辩成绩优秀,但并没有及时出版,原因是当初论文对中国的移动支付发展做了理论上的规范分析和预判,完成了"大胆假设"的学术探索,还需要等待现实中的实践发展成熟,才能实现"小心求证"的检验。实践是检验真理的唯一标准,在十二年的耐心等待中,中国移动支付的实践从无到有,再到风生水起,甚至到风起云涌般多家竞争的局面,覆盖了日常生活的方方面面(包含衣、食、住、行);不仅能购物,如买火车票、买飞机票,甚至还有共享单车等创新发展的移动支付形式。并且随着移动互联网的飞速发展、4G网络服务的改善和智能移动终端的快速普及,移动支付的便利性不断提升,同时市场参与主体从产品研发、市场扩展和客户引导等方面向移动端迁移,客户对移动支付的使用度、信任度、接受度也不断增强,推动移动支付继续呈现高速增长态势,移动支付市场前景广阔。

本书分析了移动支付现状,应用博弈论、激励理论和超边际分析方法构建了移动支付的市场微观结构,系统地分析了中国移动支付市场的机制和效率,并对其发展趋势进行初步研究,结合中国实际提出了相应的金融管制的建议。本书有助于读者把握中国第三方支付领域的新情况、新动向,可以拓宽读者思路,在深刻洞察中国移动支付市场的发展态势及产生的现实意义等方面都将产生积极的影响。

最后,感谢在本书的撰写和出版过程中给予我帮助的人。感谢我的经济学专业指导老师,他们是指导我硕士论文的武汉大学辜胜阻教授和简新华教授,指导我博士论文的北京邮电大学吕廷杰教授。感谢我的学生,他们是我在北京邮电大学任教二十年中有幸相识的莘莘学子。除此之外,还要特别感谢我的家人,他们在本书的出版过程中给予了我很大的支持与帮助。本书得到了北京邮电大学经济管理学院电子商务实验室国家社会科学基金重大项目的资助,在此一并表示感谢。限于笔者水平,书中不当和错漏之处在所难免,敬请读者批评指正。

高　丛

目 录

第1章 绪论 ··· 1
  1.1 研究背景与目的 ··· 1
  1.2 本书的研究的应用范围 ·· 2
  1.3 本书结构及主要创新点 ·· 3

第2章 有中介的实物交易的市场机制 ··· 6
  2.1 有中介的实物交易的市场机制理论分析 ··································· 6
  2.2 有中介的实物交易的市场效率分析：柠檬市场 ····························· 7
  2.3 移动支付在小额实物交易中的潜在市场发展空间 ··························· 7

第3章 有中介的电子商务交易的市场机制 ···································· 11
  3.1 基本模型 ·· 12
    3.1.1 方法、参数与信息 ·· 12
    3.1.2 契约变量 ·· 12
    3.1.3 时序 ·· 13
  3.2 完全信息下的最优契约 ·· 13
    3.2.1 最优的产出水平 ·· 13
    3.2.2 最优产出的实施 ·· 13
    3.2.3 完全信息下的最优契约的图示 ······································ 14
  3.3 激励可行契约 ·· 15
  3.4 极值情况的讨论 ·· 16
    3.4.1 混同契约 ·· 16
    3.4.2 淘汰信誉低的卖方 ·· 16
    3.4.3 单调性约束 ·· 16
  3.5 信息租金 ·· 17
  3.6 买方的最优规划问题 ·· 17
  3.7 直接交易的租金抽取与通过中介的间接交易之间的权衡 ···················· 18
    3.7.1 不对称信息下的最优契约 ·· 18
    3.7.2 次优结果的图示表达 ·· 20
    3.7.3 淘汰中介策略 ·· 21

第4章 移动支付作为中介的市场微观结构 ··············· 23

4.1 建立移动支付市场的直接显示机制 ··············· 23
4.2 卖方更一般的显示机制 ··············· 25
4.2.1 激励相容的最优契约 ··············· 25
4.2.2 无反应性质（小概率事件） ··············· 26
4.2.3 多于两种商品的情形 ··············· 28
4.3 显示机制的事前与事后的参与约束 ··············· 28
4.3.1 风险中性 ··············· 28
4.3.2 风险回避 ··············· 29
4.3.3 承诺 ··············· 32
4.4 直接显示机制的纳什均衡实施 ··············· 33

第5章 信息不对称使移动运营商成为市场机制设计者 ··············· 37

5.1 作为市场机制设计者，移动运营商能够拥有专业化的优势 ··············· 37
5.2 移动运营商成为市场中的产品质量担保和专家担保 ··············· 38
5.3 移动运营商作为中介的市场的显示机制 ··············· 41
5.4 移动运营商采取讨价还价的市场定价机制的市场条件 ··············· 44
5.5 移动支付市场中交易量的扭曲 ··············· 45
5.6 移动运营商出清市场的机制 ··············· 48
5.6.1 移动运营商在不了解总需求信息情况下的稀缺资源配置问题 ··············· 48
5.6.2 移动运营商在完全信息下出清市场的机制 ··············· 51
5.6.3 移动运营商在信息不对称下出清市场的机制 ··············· 51
5.7 移动运营商采取非线性定价的市场定价机制 ··············· 52
5.7.1 非线性定价有助于实现市场的显示机制 ··············· 52
5.7.2 移动运营商采用明码标价的市场定价机制的市场条件 ··············· 53
5.7.3 单个需求的最优定价趋近于完全信息的固定单位定价的市场条件 ··············· 54
5.7.4 移动运营商的非线性定价机制分析 ··············· 56

第6章 中国移动支付市场机制的效率权衡 ··············· 59

6.1 关于市场机制运行效率的问题研究 ··············· 59
6.2 厂商的合约理论适用于分散交易的市场机制的效率权衡 ··············· 60
6.2.1 交易成本与管理成本的市场效率权衡 ··············· 61
6.2.2 市场的不确定性与组织内部协调的市场效率权衡 ··············· 63
6.2.3 市场上的机会主义与组织成本的市场效率权衡 ··············· 66
6.2.4 交易的机会主义与所有制的成本的市场效率权衡 ··············· 70
6.3 厂商的中介理论适用于集中交易的市场机制的效率权衡 ··············· 72
6.3.1 中介与纵向一体化的市场效率权衡 ··············· 73
6.3.2 中介与机会主义的市场效率权衡 ··············· 77

6.3.3　中介与产权的市场效率权衡……………………………………………………79
　6.4　中国移动支付市场机制的效率权衡………………………………………………………82
　　6.4.1　移动运营商通过协调交易提高市场机制的效率…………………………………83
　　6.4.2　移动运营商提供潜在交易的条件提高市场机制的效率…………………………84
　　6.4.3　移动运营商克服逆向选择和道德风险提高市场机制的效率……………………84
　　6.4.4　移动运营商成为中介的市场机制的效率权衡……………………………………85

第7章　中国移动支付的未来市场机制……………………………………………………………88
　7.1　移动支付在大额支付过程中将面临巨大的支付风险……………………………………88
　7.2　金融支付的不可替代的优势………………………………………………………………89
　7.3　移动支付与金融支付合作是社会分工发展的大势所趋…………………………………89

第8章　中国移动支付的金融监管政策分析………………………………………………………94
　8.1　移动支付属于一种内部货币………………………………………………………………94
　　8.1.1　移动支付实现了货币职能的分离……………………………………………………94
　　8.1.2　移动支付是一种"竞争性"货币，具有"内在价值"………………………………95
　　8.1.3　移动支付的发行是一种"市场货币"………………………………………………96
　8.2　内部货币的普及使现代货币供给理论与体系面临着巨大的挑战………………………96
　　8.2.1　新货币经济学质疑……………………………………………………………………96
　　8.2.2　价值均衡和货币均衡…………………………………………………………………97
　　8.2.3　新货币经济学对货币的认识…………………………………………………………98
　8.3　移动支付的发行控制………………………………………………………………………99
　　8.3.1　货币供给外生性理论的发展…………………………………………………………99
　　8.3.2　移动支付中的货币供给内生性………………………………………………………100
　8.4　移动支付的未来金融监管政策……………………………………………………………101
　　8.4.1　移动支付的货币政策传导机制………………………………………………………101
　　8.4.2　中央银行在未来会消失吗？…………………………………………………………102
　　8.4.3　中国移动支付应该坚持中央银行的监管政策………………………………………103

第9章　中国电子商务第三方支付的发展…………………………………………………………105
　9.1　电子商务第三方支付市场现有市场格局…………………………………………………105
　9.2　中国第三方支付的代表——支付宝………………………………………………………106
　　9.2.1　支付宝与PayPal的竞争………………………………………………………………107
　　9.2.2　支付宝与PayPal不同的机制设计……………………………………………………110
　　9.2.3　支付宝的征信模式创新………………………………………………………………112
　　9.2.4　其他主要第三方支付公司介绍………………………………………………………113

第10章　中国移动支付发展与基础电信服务业的开放战略……………………………………117
　10.1　基于封闭的基础电信服务业的中国移动支付市场结构………………………………120

10.2 基于开放的基础电信服务业的中国移动支付市场交易的微观结构⋯⋯⋯⋯ 122
10.3 基于开放的基础电信服务业的中国移动支付市场理论分析的机制设计⋯⋯⋯ 123
10.4 基于开放的基础电信服务业的中国移动支付将引领世界移动支付革命的浪潮 ⋯⋯⋯⋯⋯⋯⋯⋯⋯⋯⋯⋯⋯⋯⋯⋯⋯⋯⋯⋯⋯⋯⋯⋯⋯⋯⋯⋯⋯⋯⋯⋯⋯⋯ 125
　　10.4.1 运营商发力移动支付市场⋯⋯⋯⋯⋯⋯⋯⋯⋯⋯⋯⋯⋯⋯⋯⋯⋯⋯ 125
　　10.4.2 运营商移动支付业务发展存在两大短板⋯⋯⋯⋯⋯⋯⋯⋯⋯⋯⋯⋯ 125
　　10.4.3 运营商需创新应用促进转型⋯⋯⋯⋯⋯⋯⋯⋯⋯⋯⋯⋯⋯⋯⋯⋯⋯ 126

参考文献⋯⋯⋯⋯⋯⋯⋯⋯⋯⋯⋯⋯⋯⋯⋯⋯⋯⋯⋯⋯⋯⋯⋯⋯⋯⋯⋯⋯⋯⋯⋯⋯⋯ 127

第1章 绪 论

1.1 研究背景与目的

移动支付市场的微观结构问题是由中国的移动运营商在电子商务实践中提出的理论问题。具体应用方式有很多,例如:作为中国移动数据业务总体框架的一部分,移动电子商务业务是一个主要的业务分支。移动电子商务总体框架如图1-1所示。

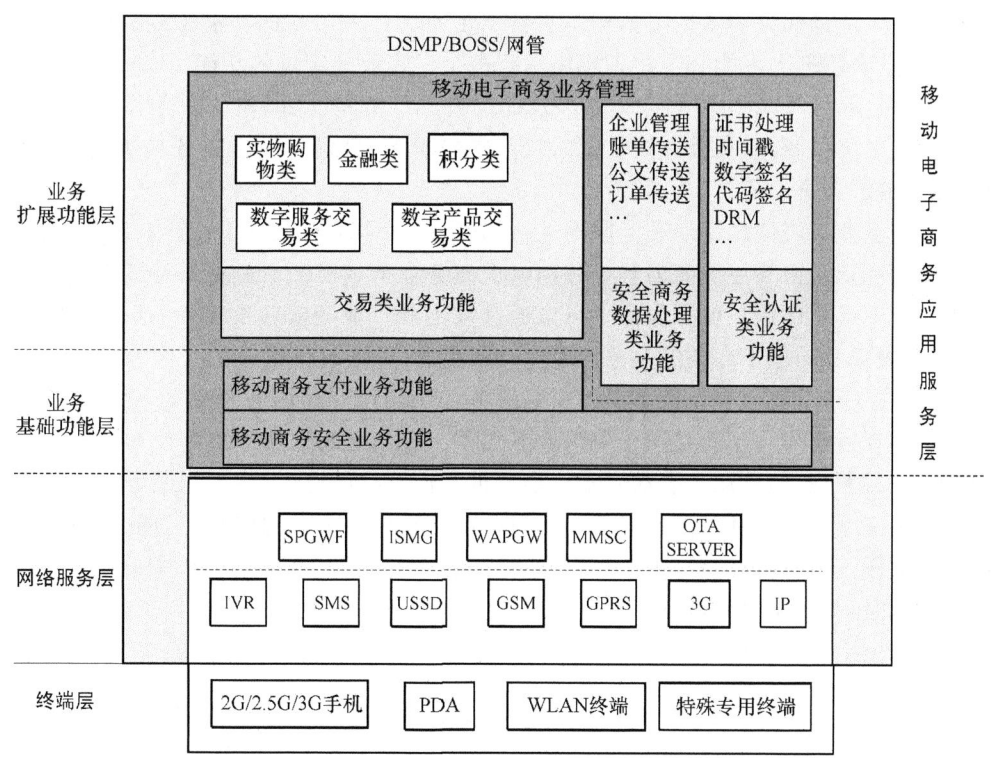

图1-1 移动电子商务总体框架

利用分层业务模型,移动电子商务业务总体结构由3个层次组成:终端层、网络服务层以及移动电子商务应用服务层。其中,移动电子商务应用服务层又可细分为3个层次:业务基础功能层、业务扩展功能层以及移动电子商务业务管理层。

对于移动电子商务的开展,在目前的条件下基本上不存在技术上的困难,要想获得商业成功,除了社会大环境的影响外,关键在于业务和运营模式的设计。

相关的移动电子商务业务实体描述如图 1-2 所示。

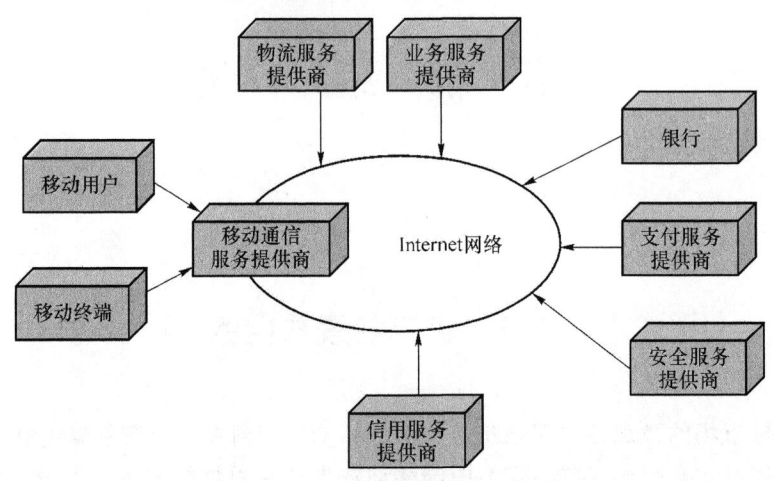

图 1-2　移动电子商务业务实体

移动电子商务业务实体是根据实体在整个业务流程中实现的功能来划分的,是一个逻辑上的实体,在物理上可能一个物理实体承担多个逻辑业务实体的功能。

如图 1-2 所示,移动电子商务体系涉及的逻辑业务实体包括 9 个:移动用户、移动终端、移动通信服务提供商、业务服务提供商、银行、支付服务提供商、安全服务提供商、信用服务提供商、物流服务提供商。

这些逻辑业务实体之间依靠互联网连接起来,构成移动电子商务业务体系。其中,安全服务提供商和信用服务提供商为整个移动电子商务业务的有效开展提供业务保障,我们也可以把两者一起看作业务保障实体。可以通过以上各个业务实体的配合,通过无线网络和互联网络,完成移动电子商务的业务历程。

但是,在 9 个实体中有 3 个是提供支付服务的:银行、支付服务提供商和信用服务提供商。加上移动运营商自己就是 4 个逻辑业务实体。它们之间到底应该有什么样的关系?按逻辑可以并排罗列,但是现实生活中不可能出现它们并存的情况,现实中最可能出现的结果是只出现两三个,而且功能有些可以合并,有些需要独立。于是就出现了当前的一个不可绕过的实践问题,也是理论问题:关于移动支付市场的微观结构。因此,本书所要重点研究的理论问题就是:移动支付的市场机制与效率。

1.2　本书的研究的应用范围

本书以中国的移动支付市场现状为研究对象并提供对其的前瞻性见解,所建立和涉及的模型均有一定的指导实践的价值,而且许多理论观点是对市场现状的全面总结,因此本书的研究成果可作为移动运营商开拓移动电子商务的业务分析和商业模式设计的参考。

1.3 本书结构及主要创新点

本书以分析移动支付现状和提供前瞻性见解为指导思想，应用博弈论、激励理论和超边际分析方法构建了移动支付的市场微观结构，系统分析了中国移动支付市场的机制和效率，并对其发展趋势进行初步研究，结合中国实际提出了相应的金融管制的建议，因此书中提出了许多独到的新颖见解。

全书共分为10章，主要研究内容及体系结构如下。

第1章是绪论，主要阐明了本书的选题背景和研究意义，并指出了本书的主要研究内容、体系结构及主要创新点。

第2章概述了有中介的实物交易的市场机制现状，以及相关市场效率分析，并且根据有中介的实物交易的市场机制现状的理论分析，结合中国的具体国情，运用博弈论的古诺模型，提出移动支付在小额实物交易的市场中有巨大的潜在发展空间。传统的观点认为中介提供的经济效益在很大程度上取决于组织效率。实际上，公司可以完成外部中介所承担的任务，只是因为利用中介成本更低，所以他们才愿意依靠中介。中介在降低成本方面的作用是 Coase(科斯)经济学讨论的主题。交易经济学将产品成本与其他成本比如运输成本、保险成本等区别开来。中介是否提高了市场运作效率，要看利用中介所花费的总交易成本和市场协调成本是不是比不利用中介来得低。第2章首先分析了有中介的实物交易的市场机制，然后运用柠檬市场问题分析方法研究该市场的效率，最后通过博弈分析得出结论：移动支付和银行卡支付在小额支付市场份额中平分秋色。

第3章为本书的理论分析框架的基础。传统观点一般认为电子商务交易的市场机制源于其能够使买卖双方直接交易而节省中介参与的交易效率，而第3章证明由于电子商务交易中的信息不对称的实际问题，在电子商务交易中有中介的市场机制反而能够实现节省交易效率的目标。第3章不仅根据电子商务的实际环境与特点提出反主流观点，而且对上述问题作了全面的理论上的规范分析。

第3章在一般的框架下分析了单次交易存在的激励问题。这里的单次交易假设限制了买方和卖方通过重复博弈以取得有效配置结果的可能性，因而在这种情形下，买方与卖方之间的短期关系只能通过契约来规范。当然，在这里隐含的一个假设是存在一个确保契约执行的司法体系，即契约可以由一个公正的司法当局来执行，并且卖方的行为受到法律的约束。这种对于交易的司法环境的假设并不是契约理论的本质属性，而只是新古典主义经济学的典型方法。

第3章的主要目的是对买方所设计的交易契约中最优的租金抽取与配置效率冲突进行权衡。这种权衡是通过两个步骤完成的。首先，具体描述买方所能达到的资源配置集。这个配置是指这个经济关系的最终产出以及交易收益的分配，即使在逆向选择下，这些配置的集合也可以由不对称信息下的一组激励相容约束来刻画。除了上述约束，考虑卖方自愿参与交易的限制，还必须施加参与约束。激励相容约束与参与约束共同定义了一个激励可行的配置集。其次，一旦完成了对资源配置的刻画，就可以对此进行规范分析，即最优化限制在激励可行的配置上的卖方目标函数。一般地，在最优的状态下，激励约束是紧的，这表明逆向选择影响了交易的效率。而从最优解中得出的结论是:次优的契约存在着交易量的扭曲(与最优契约相比),并且对于最有效的卖方,必须给付严格正的租金。

第4章分析了移动支付作为中介参与交易的市场微观结构。中国的移动支付市场的微观结构是买卖双方的直接交易和通过中介的间接交易相结合的激励相容的机制。在第4章,首先分析直接交易模式的市场机制,建立移动支付市场的直接显示机制和卖方更一般的显示机制,然后讨论显示机制的事前和事后的参与约束,最后证明直接显示机制的纳什均衡实施。关于间接交易模式的市场机制的进一步分析将在第5章研究。根据激励理论分析的框架可知,该市场微观结构既符合激励相容的条件,又符合显示原理的要求,故可形成使高信誉的卖方和低信誉的卖方能够达成分离均衡的稳定市场结构。

第5章通过信息不对称模型对移动运营商在支付产业链中的定位进行了分析,有创新性。信息不对称使移动运营商成为该市场的机制设计者。作为移动支付市场的机制设计者,移动运营商能够拥有专业化的优势。这具体体现在存在逆向选择的柠檬市场中,移动运营商成为专家负责评价和鉴定产品质量的市场机制设计者。因此第5章专门分析经由移动运营商的移动支付的机制,得出一些有趣的结论:当移动支付交易参与者人数不多时,使用讨价还价的市场定价机制;而当移动支付交易参与者人数较多时,采用明码标价的市场定价机制;而交易水平的扭曲是因为对买卖双方在信息不对称时显示其需求和成本信息付费,特别需要指出的是移动运营商既可以使用价格,也可以使用数量来出清移动支付市场。最后,第5章分析了移动运营商的定价机制:采取两段费率资费的经济学分析。

第6章对移动支付机制的市场效率进行分析。很多经济学家对市场效率问题都有很多观点。这些经济学家不仅众说纷纭,而且他们的观点有些相互矛盾,因而在效率分析的理论框架上还没有统一的结论,第6章根据移动支付市场的微观结构,提出建立一种激励相容的市场机制,可以由交易参与者自主选择效率高的交易方式,从而使总的市场机制的运行更有效率。其中厂商的合约理论适用于分散交易的市场机制的效率权衡分析,而厂商的中介理论适用于集中交易的市场机制权衡分析。最后借鉴上述理论分析框架分析中国的移动支付市场机制的效率权衡。

移动支付是信息技术革命产生的新的支付方式。移动支付凭借其高速的通信能力、庞大的用户资源以及成本优势,已经逐渐渗透到传统金融支付市场中。移动用户可以直接用手机在很多市场上进行支付。这就产生了一个问题,即从金融市场的商业模式角度来看,在信息化时代,移动支付这样的新兴支付方式与传统金融中介支付的关系问题。移动支付是否能全部替代传统金融中介支付业务?中国移动支付的未来商业模式是排斥传统金融中介,还是兼容传统金融中介?我们必须承认,移动支付将削减金融中介支付市场的份额,改变传统金融中介的组织结构。但是移动支付的未来商业模式更倾向于与传统金融中介机构合作并提供支付业务。

第7章运用杨小凯的劳动分工网络的超边际分析方法,预测了中国移动支付的未来市场机制:同时并存两种交易模式,其一是买卖双方直接通过移动支付独立完成交易,其二是买卖双方之间不仅通过移动支付,而且还要与其他信用中介(商业银行)合作完成交易。第7章首先分析移动支付在大额支付过程中将面临巨大的支付风险,然后归纳传统金融的不可替代的优势,最后的结论是移动支付与金融支付合作是社会分工发展的大势所趋。

第8章对移动支付的电子货币形态进行讨论,立论有新意。移动支付作为一种内部货币,与其他支付手段相比,具有货币的一般性特征,但是,它却不是一种"价值尺度"。移动支付对商品价值的度量仍然遵循中央银行货币单位作为自己的计价单位这一标准。移动支付由于带有明显的发行人特征,而不同的发行人对价值判断的标准不同,因而移动支付体系需要通过一个"外部货币"标准统一规范,这一标准只能是中央银行货币或法币标准。同样,移动支付也不是有效的"价值储藏手段"。移动支付的市场竞争性使其具有了内在价值。因此,移动支付是一种市场货币。所谓"市场货币",是指移动支付的发行供求的一种市场行为,其数量和"价格"取决于运营商与用户之间形成的供求均衡。移动支付的发行完全是一个市场内生变量。

第8章首先分析移动支付属于一种内部货币,移动支付实现了货币职能的分离,是一种竞争性的具有内在价值的货币,其发行是一种市场货币;然后归纳出由于内部货币的日益普及,使现代货币供给理论与体系面临着巨大的挑战;最后研究移动支付的发行控制,并针对中国实际情况提出有中国特色的移动支付未来金融监管政策建议。

第9章是对中国电子商务第三方支付发展的分析。第9章具体分析了第三方支付市场现有的市场格局,无论是交易额还是活跃用户数,支付宝都占据中国第三方支付市场的头把交椅,行业垄断优势明显。第9章接下来重点介绍了中国第三方支付的代表支付宝的情况,然后逐一介绍了其他主要的第三方支付公司的相关情况。

第10章主要分析了中国移动支付发展与基础电信服务业的开放战略。中国移动支付市场呈现中寡头的市场结构,运营商要想在移动支付市场中占据一定的位置,可以在基础电信业开放过程中恰当地引进先进的移动支付企业,这将会有助于运营商发展移动支付,将巨大的用户与数据优势体现出来。依据中国移动支付市场交易的理论分析的机制设计,中国移动支付在中央银行的监管下才能引领世界移动支付革命的浪潮。

本书的主要创新点有以下几个方面。

① 根据有中介的实物交易的市场机制现状,结合中国的具体国情,运用博弈论的古诺模型,提出移动支付在小额实物交易的市场中有巨大的潜在发展空间。

② 将激励理论引入移动市场微观结构分析,通过信息不对称模型对移动运营商在支付产业链中的定位进行了分析,信息不对称使移动运营商成为该市场的机制设计者。该市场微观结构既要符合激励相容的条件,又要符合显示原理的要求,形成使高信誉的卖方和低信誉的卖方能够达成分离均衡的稳定市场结构。

③ 运用杨小凯的劳动分工网络的超边际分析方法,预测了中国移动支付的未来市场机制:同时并存两种交易模式,其一是买卖双方直接通过移动支付完成交易,其二是买卖双方之间不仅通过移动支付,而且还要通过其他信用中介(例如:商业银行)完成交易,而且这两种移动支付方式能够达成分离的均衡状态。

④ 对移动支付的电子货币形态进行理论分析。移动支付作为一种内部货币,与其他支付手段相比,不是一种"价值尺度",因而移动支付体系需要通过一个"外部货币"标准统一规范,这一标准只能是中央银行货币或法币标准。同样,移动支付也不是有效的"价值储藏手段",移动支付的市场竞争性使其具有了内在价值。因此,移动支付是一种市场货币。移动支付的发行完全是一个市场内生变量。现阶段的移动支付不能直接照搬或照抄国外金融理论及实践经验,中国发展移动支付必须保证中央银行的货币监管,否则失去金融监管所造成的金融风险会比其他国家的金融风险大,将会得不偿失。

第 2 章 有中介的实物交易的市场机制

传统的观点认为中介提供的经济效益在很大程度上取决于组织效率。实际上,公司可以完成外部中介所承担的任务,只是因为利用中介成本更低,所以他们才愿意依靠中介。中介在降低成本方面的作用是 Coase 经济学讨论的主题。交易经济学将产品成本与其他成本如运输成本、保险成本等区别开来。中介是否提高了市场运作效率,要看利用中介所花费的总交易成本和市场协调成本是不是比不利用中介来得低。本章首先分析了有中介的实物交易的市场机制,然后运用柠檬市场问题分析方法研究该市场的效率,最后通过博弈分析得出结论:移动支付和银行卡支付在小额支付市场份额中平分秋色。

2.1 有中介的实物交易的市场机制理论分析

为了使公司或市场的运作更有效率,产品成本和交易成本必须最小化。因此,交易成本低的市场运作效率比较高。有人认为中介增加了分销成本。实际上,在实物市场中要将商品送到顾客手中,利用中介反而可以降低存货、宣传单、运输等成本。多数情况下,批发商和零售商给生产者提供了一条更有效的销售渠道。如果没有这些中介,许多公司必须亲自为每个顾客发送产品。在图 2-1 中,生产商如果要直接将产品送给顾客,每件产品需要花费的成本为 T_1。

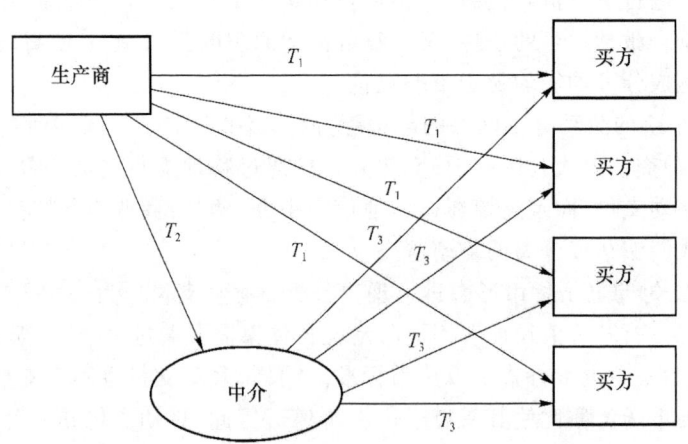

图 2-1 有中介时与没有中介时的交易成本比较

在实物市场中,公司将产品批量卖给中介,其费用为 T_2,因为中介与顾客比较接近,且有一个有效的分销系统。中介在它的销售成本中加入 T_3 作为最后标价。因此,在有中介参与的情况下,每件产品的总交易额是 T_2 加上 T_3,这仍可能比 T_1 低,因为中介与顾客比较接近,降低了 T_3。当厂家批量销售产品时,只把 T_2 加入产品成本中,根据规模经济,每件产品的成本降低了。

因此,在实物市场中的普通交易也有提供中介服务的中介参加,该市场机制在中国最常见的基本模式是商业银行作为中介加入实物交易过程中,主要提供支付服务。

2.2 有中介的实物交易的市场效率分析:柠檬市场

分析柠檬市场问题是作为劣质商品驱逐优质商品的一个典型的信息不对称的实例。在解决柠檬市场问题的过程中,中介的参与实际提高了交易成本。比如,要了解产品的质量,可能要求中介有一定的技术知识,这需要投资;对于经验产品,中介可能需要试用他所卖的各种产品,以了解产品的质量。因此,无论是获取专业知识,还是获取经验,都需要投入成本。

然而,尽管中介的参与提高了交易成本,但它还是提高了市场效率,因为市场不再是密封的。货物或服务对顾客来说是从看不见的转变为可见的,也就是从其质量是未知的不确定状态转变为透明的质量可以确定的状态。即使中介不一定具备测试产品的专业知识,但靠其在市场中与供应商打交道,也可以保证产品的质量。还有,尽管中介增加了交易费用,但当他作为防止市场失灵的信息源时,并不需要为培训或测试投资。

2.3 移动支付在小额实物交易中的潜在市场发展空间

由于中国目前的适应市场机制的信用制度还处在起步阶段,因此在支付领域中主要的支付工具都建立在可以直接降低信用风险的借记方式的基础上。作为我国主要支付工具的银行卡,其业务的发展不仅起步较晚,而且先存款后消费的借记方式占绝大多数。从 1985 年到目前,其经历了从无到有、从小到大的发展过程。我国银行卡最大的特点是以借记卡为主,标准的先消费后存款的贷记方式的信用卡的份额不足 5‰。

本书通过博弈分析得出结论:移动支付和银行卡支付在小额支付市场份额中平分秋色。中国现实的信用风险促使借记方式的支付工具在大额支付市场中占据绝对优势。但是在小额支付市场中,借记和贷记的信用风险差异不大。运用博弈论古诺模型进行分析可知,这两种支付方式在市场发展空间中,要么各自占领垄断交易量的一半,要么两者都是古诺产量的交易量(纳什均衡产量)。而且无论出现哪一种结果,都是借记支付方式的市场份额等于贷记支付方式的市场份额的局面。而目前中国的小额支付市场的主要支付工具是借记方式的银行卡(银行卡本身既可以用作大额支付,也可以用作小额支付)。而且特别需要指出的是中国的移动运营商所提供的一些先消费后存款的贷记方式的支付服务的市场风险完全可以控制,例如,全球通的收费方式实质上就是一种小额的贷记方式支付服务,多年的实践证明贷记方式的支付服务在中国现实市场仍然获得了巨大成功。而现实世界中移动支付与商业银行的银行卡所提供的小额支付服务业务相比还微不足道。因此,移动支付在小额支付的市场中还有与当前银行卡占据的小额支付市场份额相同的潜在市场发展空间。

因此,从经济学理论层面通过规范分析的角度来重新审视小额支付市场的借记和贷记的市场份额的划分就十分有必要了。

既然支付市场按交易方式划分为两种:借记和贷记。那么这就是一个双寡头垄断的市场问题。设两种支付方式的市场常规的需求函数是 $P(Q)=a-Q$,其中 a 为常量,Q 为市场的总交易量。两种支付方式都设为无固定交易成本,边际交易成本都为 c。两种支付方式要么各自占领垄断交易量的一半,要么两者都是古诺产量的交易量(纳什均衡产量)。

需求函数为

$$P=a-Q \tag{2.1}$$

利润函数为

$$\pi=PQ-cQ=Q(a-Q)-cQ=(a-c)Q-Q^2 \tag{2.2}$$

该市场的垄断产量为 q_m,对式(2.2)求一阶导数,得出其解析式

$$q_m=\frac{a-c}{2} \tag{2.3}$$

求双寡头垄断的古诺产量(纳什均衡产量),在双寡头市场中,只存在两种交易量,分别记作 q_1 和 q_2,而且两者之和构成全部市场的总交易量 Q,即

$$Q=q_1+q_2 \tag{2.4}$$

两种支付的交易成本分别为

$$c_1=cq_1 \tag{2.5}$$

$$c_2=cq_2 \tag{2.6}$$

将两种支付的利润函数代入式(2.1),分别解得

$$\pi_1=pq_1-cq_1=(a-q_1-q_2)q_1-cq_1=aq_1-q_1^2-q_1q_2-cq_1 \tag{2.7}$$

$$\pi_2=pq_2-cq_2=(a-q_1-q_2)q_2-cq_2=aq_2-q_1q_2-q_2^2-cq_2 \tag{2.8}$$

将式(2.7)和式(2.8)分别对 q_1 和 q_2 求一阶导数,并令其为 0,分别解得

$$q_1=\frac{a-c-q_2}{2} \tag{2.9}$$

$$q_2=\frac{a-c-q_1}{2} \tag{2.10}$$

解得

$$q_1=q_2=\frac{a-c}{3} \tag{2.11}$$

备注:可以用另外的简洁数学方法求出该解。

根据纳什均衡的 n 个参与者之间的对称性,可推出市场中第 n 个参与者产量的通式为

$$q=\frac{a-c}{n+1} \tag{2.12}$$

在寡头垄断市场中只有两个参与者,直接代入式(2.12),便可直接求得式(2.11)。

如果两种支付方式都占领垄断交易量的一半,即式(2.3)除以 2 为

$$q_1' = q_2' = \frac{a-c}{4} \tag{2.13}$$

两种支付方式在理性协商之后,决定各自占领总体市场份额的一半时的利润 π_1' 和 π_2' 分别为

$$\pi_1' = \pi_2' = (a - \frac{a-c}{2} - c) \times \frac{a-c}{4} = \frac{(a-c)^2}{8} \tag{2.14}$$

如果两种支付方式采取完全不合作的态度,将自由竞争达到纳什均衡的古诺产量时的利润 π_1 和 π_2 分别代入式(2.11)

$$\pi_1 = \pi_2 = \left[a - \frac{2(a-c)}{3} - c\right] \times \frac{a-c}{3} = \frac{(a-c)^2}{9} \tag{2.15}$$

考虑另外的特殊情况,如果一种支付方式实现垄断交易量的一半,其利润设为 π_1^*,另一种交易方式达到古诺产量的交易量,其利润设为 π_2^*,则

$$\pi_1^* = \left(a - \frac{a-c}{3} - \frac{a-c}{4} - c\right) \times \frac{a-c}{4} = \frac{5(a-c)^2}{48} \tag{2.16}$$

$$\pi_2^* = \left(a - \frac{a-c}{3} - \frac{a-c}{4} - c\right) \times \frac{a-c}{3} = \frac{5(a-c)^2}{36} \tag{2.17}$$

因此,将上述博弈分析过程用得益矩阵表示,如图 2-2 所示。

	自由竞争	理性合作
自由竞争	$\frac{(a-c)^2}{8}, \frac{(a-c)^2}{8}$	$\frac{5(a-c)^2}{48}, \frac{5(a-c)^2}{36}$
理性合作	$\frac{5(a-c)^2}{36}, \frac{5(a-c)^2}{48}$	$\frac{(a-c)^2}{9}, \frac{(a-c)^2}{9}$

图 2-2 得益矩阵表示博弈分析过程

分析这个得益矩阵,因为 $\frac{(a-c)^2}{8} < \frac{5(a-c)^2}{36}$;$\frac{5(a-c)^2}{48} < \frac{5(a-c)^2}{36}$。因此自由竞争的古诺产量的收益相对于理性合作的产量的收益是严格下策。

所以该博弈唯一的纳什均衡(也就是上策均衡)的产量是 $\left(\frac{a-c}{3}, \frac{a-c}{3}\right)$,这个纳什均衡的双方得益为 $\left(\frac{(a-c)^2}{9}, \frac{(a-c)^2}{9}\right)$,显然不如双方采取理性合作的产量 $\left(\frac{a-c}{4}, \frac{a-c}{4}\right)$,其相应的得益为 $\left(\frac{(a-c)^2}{8}, \frac{(a-c)^2}{8}\right)$。因此这个博弈是一个囚徒困境型的博弈。

但是从中可以明显看到,作为双寡头一方的移动支付完全可以利用贷记的特殊优势,实现与借记平分小额支付市场份额,即在小额支付市场的份额达到在古诺产量的交易量到全部垄断市场总交易量的一半之间。而现实世界中移动支付与商业银行的银行卡所提供的小额支付服务业务相比还微不足道。因此移动支付在小额实物交易的市场中有相当的潜在发展空间。

移动支付在小额支付市场中的竞争优势:移动支付全国全程全网,各省市之间互联互通的成本为零,而且相互结算成本很低,这是移动支付在小额支付市场中的竞争优势。而且移动支付是移动运营商的一项增值电信业务,电信业务的成本构成具有特殊性,特别高的固定

成本,特别低(接近于零)的边际成本,因此移动支付作为一项增值业务其成本很低,这是移动支付在小额支付市场中的成本优势。以上两项关键因素决定了移动支付在小额支付市场中有巨大的潜在发展空间。

第 3 章　有中介的电子商务交易的市场机制

虽然在电子商务中主要以小额交易为主,但是网上公司通常仅卖一份产品给中介,中介进行复制,然后将复制产品卖给消费者,所以批量销售在数字化交易中意义很小。参见图2-1,因为在网络环境中顾客很分散,中介把产品转卖给消费者的费用 T_3 可能和厂家到顾客间直接交易的费用 T_1 一样大。换句话说,从网上零售和分销中盈利的差距并不像在实物市场上那样明显。这样看来,网上销售的中介似乎不起什么作用,尤其是对于产品的分销。有效的搜索方式可以减少消费者对那些了解产品的人的依赖,所以电子商务中介在提高交易效率方面的作用很小。然而,在电子商务中的确还存在中介,那么中介的作用是什么呢?

电子商务市场也像其他市场一样存在高质量产品和低质量产品。当一个买方和一个卖方交易时,信息不对称问题就会出现。由于买方没有时间或没有能力独自完成任务,因此需要从市场中购入所需产品。然而,事实上可以推知卖方有可能得到买方无法获得的信息,例如,一项产品或服务的真实的机会成本、所使用的技术要求,以及与技术相适应的卖方能力的要求都属于这类信息的范围,而这可能是卖方的私人信息。在这种情形下,称该市场交易中存在着逆向选择。

这里的关键之处在于,所有这些买卖双方的契约关系中都存在着私人信息的差距,而这种信息差异在本质上影响了他们所设计的双边契约。为了使资源配置达到帕累托有效的程度,这类契约的设计必须能够揭示出卖方的私有信息。而这只能通过给予卖方某种租金的方式来实现,但通常地,这类租金对于买方却是一种成本。这种信息成本加上技术性(生产)成本使得在不对称信息下的交易受到扭曲。因而在契约中,配置功能与信息作用相互冲突,即为了诱使卖方说真话所必须付出的信息租金与资源配置效率相互冲突,最后导致了一个次优的契约。因而在逆向选择模型下,交易量的刻画无法与交易所得利益分配分离开来。

本章在一般的框架下分析了单次交易存在的激励问题。这里的单次交易假设限制了买方和卖方通过重复博弈以取得有效配置结果的可能性。因而在这种情形下,买方与卖方之间的短期关系只能通过契约来规范。当然,在这里隐含的一个假设是存在一个确保契约执行的司法体系,即契约可以由一个公正的司法当局来执行,并且卖方的行为受到法律的约束。这种对于交易的司法环境的假设并不是契约理论的本质属性,而只是新古典主义经济学的典型方法。

本章的主要目的是对买方所设计的交易契约中最优的租金抽取与配置效率冲突进行权衡。这种权衡是通过两个步骤完成的。首先,具体描述买方所能达到的资源配置集。这个配置是指这个经济关系的最终产出以及交易收益的分配,即使在逆向选择下,这些配置的集合也可以由不对称信息下的一组激励相容约束来刻画。除了上述约束,考虑卖方自愿参与交易的限制,还必须施加参与约束。激励相容约束与参与约束共同定义了一个激励可行的配置集。其次,一旦完成了对资源配置的刻画,就可以对此进行规范分析,即最优化限制在激励可行的配置上的卖方目标函数。一般地,在最优的状态下,激励约束是紧的,这表明逆向选择影响了交易的效率。而从最优解中得出的结论是:次优的契约存在着交易量的扭曲(与最优契约相比),并且对于最有效的卖方,必须给付严格正的租金。

隐匿在这个最优化问题背后的假设值得注意。首先,假设买卖双方同时采用最优的行为以最大化各自的效用函数。换言之,他们是完全理性的个人主义者。给定买方设计的契约,卖方选择产量以最大化自己的效用。其次,买方不知道卖方的私人信息,但对于此信息的概率分布是双方的共识。对于卖方类型的分布存在着一个客观的分布,这个分布同时为双方所获知,并且这个事实本身也为双方所获知。最后,买方最大化自己的贝叶斯(Bayes)期望效用,在设计卖方的支付规则时,买方首先行动,这就使得双方的关系成为一个不对称信息下的斯特克尔伯格(Stakelberg)博弈,买方预期了卖方后续的反应行动,在所有可行的契约中选择最优的契约。

3.1 基本模型

3.1.1 方法、参数与信息

考虑一个消费者或一个企业(买方)购买一个卖方生产的 q 单位的商品,买方从 q 单位商品中得到的效用是 $S(q)$,其中,$S'>0$,$S''<0$,$S(0)=0$。故该商品的边际价值是正的,并且随着买方购买的商品数量的增加而严格递减。

买方无法观察到卖方的生产成本,但以下的事实是双方的共识,即产品具有固定成本 F,以及边际成本 θ 属于 $\Theta=\{\underline{\theta},\bar{\theta}\}$。卖方可能是信誉好的、出售高质量商品的($\underline{\theta}$),也可能是信誉差的、出售低质量商品的($\bar{\theta}$)。其概率分布分别为 ν 和 $1-\nu$。换言之,卖方的成本函数为:

以概率 ν

$$C(q,\underline{\theta})=\underline{\theta}q+F \tag{3.1}$$

以概率 $1-\nu$

$$C(q,\bar{\theta})=\bar{\theta}q+F \tag{3.2}$$

现在称 $\Delta\theta=\bar{\theta}-\underline{\theta}>0$ 为卖方边际成本的不确定性幅度。当卖方做决策之前,他已获知自己的类型 θ。必须强调指出的是,这种信息结构是外生给定的。

3.1.2 契约变量

给定上述基本假设,所分析问题的经济学变量为产量 q 和卖方所得到的转移支付 t。令 A 表示可行的配置集,则有

$$A=\{(q,t):q\in\mathbf{R}^+,t\in\mathbf{R}\} \tag{3.3}$$

这些变量是可以由第三方(法庭)观察并检验的,因而双方可以在契约中写入对于违约

方的惩罚条款,以确保契约的执行。

3.1.3 时序

在本章中,除非特别指出,否则都将采用如图 3-1 所示的时序。

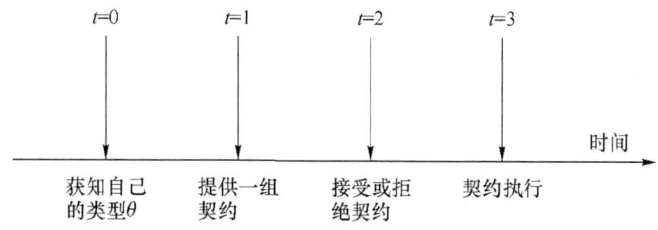

图 3-1 逆向选择下的契约时序

注意契约是在中间阶段提供的,即买方设计契约时已经存在信息不对称的问题。

3.2 完全信息下的最优契约

3.2.1 最优的产出水平

首先考虑买方与卖方之间不存在信息差异的情形,此时,有效的产出水平可以在买方的边际效用(评价)等于卖方的边际成本时得到。因而,最优的产出水平由下面的一阶条件给出

$$S'(\underline{q}^*) = \underline{\theta} \tag{3.4}$$

以及

$$S'(\overline{q}^*) = \overline{\theta} \tag{3.5}$$

因而,如果有效的产出水平 $\underline{q}^*$ 和 $\overline{q}^*$ 所带来的社会福利 $\underline{W}^* = S(\underline{q}^*) - \underline{\theta}\underline{q}^* - F$ 和 $\overline{W}^* = S(\overline{q}^*) - \overline{\theta}\overline{q}^* - F$ 都是非负的,则两者都是可以实现的。而信誉高的卖方所创造的社会福利 $\underline{W}^*$ 要大于信誉低的卖方所创造的社会福利 $\overline{W}^*$,即以下条件必须满足

$$\overline{W}^* = S(\overline{q}^*) - \overline{\theta}\overline{q}^* - F \geqslant 0 \tag{3.6}$$

这个假设将在本章中一直成立。注意在此由于固定成本并没有起到实质性的作用,因而为方便起见,不妨将其设为 0。

注意由于买方的边际价值是递减的,则由式(3.4)和式(3.5)所定义的最优产出满足 $\underline{q}^* > \overline{q}^*$,即一个信誉高的卖方的最优产出要超过信誉低的卖方。

3.2.2 最优产出的实施

为了确保成功地完成代理任务,买方提供给卖方的效用水平至少不能低于后者不参与契约关系时的水平(对于买卖双方都成立)。将这些约束称为卖方的参与约束。如果将卖方

未参与契约关系时的效用水平设为 0,则参与约束可以表示为

$$\underline{t} - \underline{\theta}\underline{q} \geq 0 \qquad (3.7)$$

$$\overline{t} - \overline{\theta}\overline{q} \geq 0 \qquad (3.8)$$

为实施最优的生产水平,买方可以向卖方提供如下的"要么接受,要么走人"方式的契约:若 $\theta = \overline{\theta}$(或 $\theta = \underline{\theta}$),则买方的转移支付为 $\overline{t}^*$(或 $\underline{t}^*$),对应的产出水平为 $\overline{q}^*$(或 $\underline{q}^*$),即 $\overline{t}^* = \overline{\theta}\overline{q}^*$(或 $\underline{t}^* = \underline{\theta}\underline{q}^*$),无论卖方是哪种类型,他都接受这个契约,此时他的利润为 0。因此,完全信息下的最优契约为:$(\underline{t}^*, \underline{q}^*)$,若 $\theta = \underline{\theta}$ 和 $(\overline{t}^*, \overline{q}^*)$,则 $\theta = \overline{\theta}$。

这里重要的是,在完全信息下,买卖双方交易无成本,即买方得到的效用水平就等同于他亲自执行这个任务(当然他的生产成本与卖方一样)。

3.2.3 完全信息下的最优契约的图示

在图 3-2 中,在 (q,t) 空间上分别画出了 $\underline{\theta}$ 卖方和 $\overline{\theta}$ 卖方的无差异曲线。

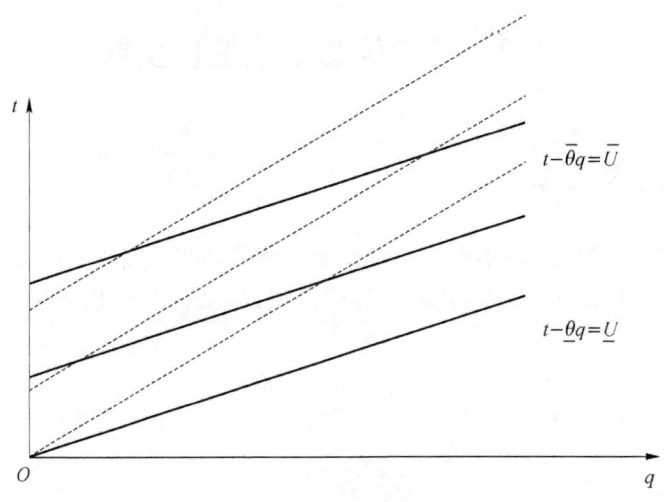

图 3-2 两种类型的无差异曲线

在图 3-2 中,两类卖方的等效用曲线沿着西北方向移动时,将使卖方的效用增加,这些无差异曲线在图中表现为一条直线,其斜率为 θ,由于 $\overline{\theta} > \underline{\theta}$,则信誉低的卖方的等效用曲线的斜率要大于信誉高的卖方,因而两类不同的卖方的等效用曲线只相交一次。在本章中,将会多次使用这个被称为单相交性质或斯彭斯-米尔利斯(Spence-Mirrlees)条件的重要性质。

完全信息下的最优契约最终表示为如图 3-3 所示的 (A^*, B^*)。在每一点,买方严格凹的无差异曲线与卖方的零租金等效用曲线相切。注意到,当买方的等效用曲线沿着东南方向移动时表示买方效用递增,因此,当买方与信誉高的卖方交易时将获得更多的利益。用 $\overline{V}^*$(或 $\underline{V}^*$)表示买方与 $\overline{\theta}$(或 $\underline{\theta}$)类型的卖方交易时最优的效用水平。注意在设计契约时,买方拥有所有的控制权。所以,在完全信息下,结论为 $\overline{V}^* = \overline{W}^*$(或 $\underline{V}^* = \underline{W}^*$)。

注:在图 3-3 中,支付 $\underline{t}^*$ 大于 $\overline{t}^*$,但实际上,$\underline{t}^*$ 可以大于或小于 $\overline{t}^*$,这取决于函数 $S(\cdot)$ 的曲率,这一点在图上很容易看出。

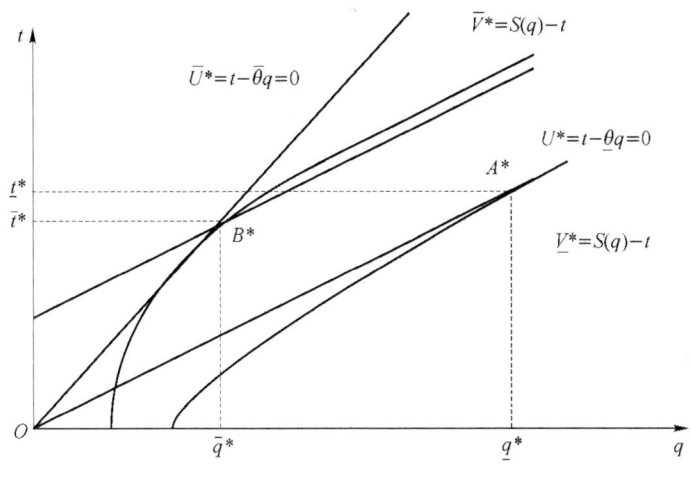

图 3-3　最优的契约

3.3　激励可行契约

假设边际成本 θ 是卖方的私人信息,现在考虑买方通过提供一组契约 $\{(\underline{t}^*,\underline{q}^*);(\overline{t}^*,\overline{q}^*)\}$ 期待 $\underline{\theta}$ 类型的卖方选择 $(\underline{t}^*,\underline{q}^*)$,而 $\overline{\theta}$ 类型的卖方则选择 $(\overline{t}^*,\overline{q}^*)$。

从图 3-3 中看到两种不同类型的卖方都偏好 B^*,而不是 A^* 所代表的零效用水平。通过 A^* 的 $\overline{\theta}$ 卖方的等效用曲线则对应了一个严格的负效用水平,小于他选择 B^* 时的效用水平。因此,提供一组契约 (A^*,B^*) 并不能满足卖方的自我选择的性质,信誉高的卖方积极模仿信誉低的卖方,因而同样地选择 B^*。所以,在不对称信息下,完全信息的最优契约无法实施。因而可以说一组契约 $\{(\underline{t}^*,\underline{q}^*);(\overline{t}^*,\overline{q}^*)\}$ 不是激励相容的,这导致了如下的定义。

定义 3.1：

一组契约 $\{(\underline{t},\underline{q});(\overline{t},\overline{q})\}$ 是激励相容的,若 $(\underline{t},\underline{q})$ 相对于 $(\overline{t},\overline{q})$ 为信誉高的 $\underline{\theta}$ 类型的卖方弱偏好,而 $(\overline{t},\overline{q})$ 相对于 $(\underline{t},\underline{q})$ 为信誉低的 $\overline{\theta}$ 类型的卖方弱偏好。

运用数学表达式,则定义 3.1 对于配置的要求无非是必须满足如下的激励相容约束

$$\underline{t}-\underline{\theta}\,\underline{q}\geqslant\overline{t}-\underline{\theta}\,\overline{q} \tag{3.9}$$

$$\overline{t}-\overline{\theta}\,\overline{q}\geqslant\underline{t}-\overline{\theta}\,\underline{q} \tag{3.10}$$

注：这里一个关键的假设是买方与卖方之间不存在事先的交流与沟通。

另外,若一组契约可以被卖方接受,则它给予每种类型的卖方的效用至少不低于外在的机会效用水平,因而以下的两个参与约束必须满足

$$\underline{t}-\underline{\theta}\,\underline{q}\geqslant 0 \tag{3.11}$$

$$\overline{t}-\overline{\theta}\,\overline{q}\geqslant 0 \tag{3.12}$$

当两者结合在一起时,则激励相容约束和参与约束就定义了一个激励可行的配置,这导

致了如下的定义。

定义 3.2：

一组契约是激励可行的，若它同时满足激励相容约束和参与约束，即满足式(3.9)至式(3.12)。

式(3.9)至式(3.12)完全刻画了激励可行契约的集合，它们所表达的约束是买方和卖方之间存在的不对称信息施加在资源配置集上的限制。

3.4 极值情况的讨论

3.4.1 混同契约

现在讨论的第一个特殊情形是，对于不同类型卖方，激励可行契约的目标相同，即 $\underline{t}=\bar{t}=t^p$，$\underline{q}=\bar{q}=q^p$，并且两类卖方同时接受这个契约。对于此类契约，可以说其中的卖方类型是混同的（即鱼龙混杂的）。

对于此类契约，激励约束当然满足。虽然激励相容性质很容易满足，但由此带来的代价是资源配置灵活性的缺失，因为配置不再依赖于自然状态，此时，只有参与约束起作用。然而此时，只需信誉低的卖方的参与约束满足即可，因为在混同情形下，式(3.12)蕴涵了式(3.11)，即市场中充斥着假冒伪劣产品，而质量高的产品反而被淘汰出市场。

3.4.2 淘汰信誉低的卖方

现在分析的另一种特殊情形是买方提供的零契约 $(0,0)$ 和非零契约 (t^s,q^s) 只有信誉高的卖方才能接受。此时，式(3.9)和式(3.11)变为

$$t^s - \underline{\theta}q^s \geq 0 \tag{3.13}$$

而信誉低的卖方的激励相容约束变成

$$0 \geq t^s - \bar{\theta}q^s \tag{3.14}$$

如果式(3.14)是严格的不等式，则只有信誉高的卖方才会接受这个契约。对于这样的契约，当卖方的类型为 $\bar{\theta}$ 时，买方将放弃这次交易。因此将此契约称为淘汰信誉低的卖方的契约。

如同在前面分析的混同契约一样，利用零契约 $(0,0)$ 使得买方减少约束的个数，因为此时激励约束式(3.9)和参与约束式(3.11)实际上是相同的。当然，这种契约所付出的代价是过分地甄别了卖方的类型，因为这种甄别采用了极端的形式，即将信誉低的卖方逐出市场。

3.4.3 单调性约束

激励相容约束限制了可行配置集。然而，在一个定义得很好的激励问题中，这些约束给可行的产量带来了某种结构性限制，即产出必须满足通常称之为单调性约束的性质，这在完全信息情形下并不会出现。事实上，从这个简单的模型中，将式(3.9)和式(3.10)相加可

得到

$$\underline{q} \geqslant \overline{q} \tag{3.15}$$

不必考虑买方的偏好，从激励相容约束中就可以单调地推出，$\overline{\theta}$ 卖方所要求的产出水平不能高于 $\underline{\theta}$ 卖方。称从两个激励相容约束相加所得到的条件式(3.15)为可实施性条件。若任何一对产出 $(\underline{p},\overline{q})$ 是可实施的，即它可以由一个激励相容的契约达到，则都必须满足式(3.15)，并且它是充分必要条件。

事实上，假设式(3.15)成立，则显然存在一组转移支付 $\overline{t}$ 和 $\underline{t}$，使得激励约束式(3.9)和式(3.10)同时成立，这只要使得转移支付满足

$$\overline{\theta}(\overline{q}-\underline{q}) \leqslant \overline{t}-\underline{t} \leqslant \underline{\theta}(\overline{q}-\underline{q}) \tag{3.16}$$

3.5 信息租金

为了进一步理解最优契约的结构，有必要引入信息租金的概念。信息租金在买卖双方的直接交易中，就是买方付给信誉高的卖方的转移支付；信息租金在存在中介的间接交易中，就是第三方中介的潜在市场中的利润源泉，即中介公司能够生存的市场空间。

已经看到，在完全信息情形下，买方可以设法使得所有类型的卖方获得零效用水平，即卖方相应的效用水平 $\underline{U}^*$ 和 $\overline{U}^*$ 分别满足

$$\underline{U}^* = \underline{t}^* - \underline{\theta}\,\underline{q}^* = 0 \tag{3.17}$$

以及

$$\overline{U}^* = \overline{t}^* - \overline{\theta}\,\overline{q}^* = 0 \tag{3.18}$$

但在不完全信息下，买方无法再做到这一点——如果他希望所有类型的卖方仍然能够参与契约关系。

事实上，对于一组契约 $\{(\overline{t},\overline{q});(\underline{t},\underline{q})\}$，如果它是激励可行的，则考虑一个 $\underline{\theta}$ 卖方模仿 $\overline{\theta}$ 卖方时可能获得的效用水平，它应当满足

$$\underline{t}-\underline{\theta}\underline{q} = \overline{t}-\underline{\theta}\,\overline{q} = \overline{t}-\overline{\theta}\,\overline{q}+\Delta\theta\,\overline{q} = \overline{U}+\Delta\theta\,\overline{q} \tag{3.19}$$

即使买方可以令 $\overline{\theta}$ 卖方的保留效用 $\overline{U}$ 为零，即 $\overline{U}=\overline{t}-\overline{\theta}\,\overline{q}=0$，信誉高的 $\underline{\theta}$ 卖方仍然能够从模仿信誉低的卖方中获得效用 $\Delta\theta\,\overline{q}$，这种收益称之为信息租金。因而，若买方坚持要让信誉低的卖方参与生产，即 $\overline{q}>0$，则买方必须给予信誉高的卖方信息租金。这个信息租金的存在是由于卖方相对于买方具有信息上的优势，而买方所面临的问题就是设计一组契约(机制)，使得它既是激励可行的，又可以付出尽可能少的信息租金。

在后面的内容中，将使用 $\underline{U}=\underline{t}-\underline{\theta}\underline{q}$ 和 $\overline{U}=\overline{t}-\overline{\theta}\,\overline{q}$ 分别表示每种类型的信息租金。

3.6 买方的最优规划问题

按照前面所假设的契约的时序，买方必须在获知卖方的类型前向卖方提供一组契约，因

而,他将用期望效用的形式计算他的收益,卖方的规划问题变为

$$(P):\max_{\{(\underline{t},\underline{q});(\bar{t},\bar{q})\}} v(S(\underline{q})-\underline{t})+(1-v)(S(\bar{q})-\bar{t})$$

约束于式(3.9)至式(3.12)

使用信息租金的定义 $\underline{U}=\underline{t}-\underline{\theta}\underline{q}$ 及 $\bar{U}=\bar{t}-\bar{\theta}\bar{q}$,现在可以将买方的目标函数变换为信息租金和产出水平的函数,故新的最优化变量为 $\{(\underline{U},\underline{q});(\bar{U},\bar{q})\}$。通过这种变换能使我们更深刻地领会其经济学含义。对于信息租金的讨论能够评价不对称信息的分布效应,而对于产出水平的讨论能使我们进一步认识不对称信息对于资源配置效率和交易收益的影响。与将配置表示为转移支付-产出水平组合不同的是,这种变量代换强调的是从信息租金-产出水平组合来重新考虑配置问题。于是与配置对应的就是交易量和契约双方在交易中所获利益的分配。

通过变量代换,买方的目标函数变为

$$v(S(\underline{q})-\underline{\theta}\underline{q})+(1-v)(S(\bar{q})-\bar{\theta}\bar{q})-(v\underline{U}+(1-v)\bar{U}) \tag{3.20}$$

式(3.20)表明,买方希望最大化的效用为从交易中所得的社会价值(总剩余)减去卖方的期望租金,这一点可以从以下的分析中看到。

将激励约束式(3.9)和式(3.10)用信息租金的形式改写,分别得到

$$\underline{U} \geqslant \bar{U}+\Delta\theta\bar{q} \tag{3.21}$$

$$\bar{U} \geqslant \underline{U}-\Delta\theta\underline{q} \tag{3.22}$$

而参与约束式(3.11)和式(3.12)改写后分别变为

$$\underline{U} \geqslant 0 \tag{3.23}$$

$$\bar{U} \geqslant 0 \tag{3.24}$$

于是,买方的最优规划问题变为

$$(P):\max_{\{(\underline{U},\underline{q});(\bar{U},\bar{q})\}} v(S(\underline{q})-\underline{\theta}\underline{q})+(1-v)(S(\bar{q})-\bar{\theta}\bar{q})-(v\underline{U}+(1-v)\bar{U})$$

约束于式(3.21)至式(3.24)

用上标"SB"标注上述规划问题的解,表示它是次优解。

3.7 直接交易的租金抽取与通过中介的间接交易之间的权衡

3.7.1 不对称信息下的最优契约

解最优规划问题(P)的主要技术性的难点在于确定上述哪个约束(激励相容约束与参与约束),在最优的情形下是紧的。

首先使用拉格朗日技术解这个问题,当然必须先检验目标函数是否是凹函数。即使是在两个类型的模型中,仍然可以采用一种更为便捷的方法,即首先分析哪些约束是非紧的,在求最优解的时候先将其搁置一边,事后再检验它们的非紧性质。这种方法在一个标准的激励问题的分析中使用得尤为普遍。在这个简单的模型中,这样一种策略提供了一个快捷

的解法,并且对于理解这个模型的经济学含义具有重要的意义。

首先,考虑保留信誉低的卖方的情形,即 $\bar{q}>0$,由于 $\underline{\theta}$ 卖方积极模仿 $\bar{\theta}$ 卖方,这表明 $\underline{\theta}$ 卖方的参与约束式(3.23)总是严格成立的,事实上从式(3.24)和式(3.21)可以推出式(3.23)。如果买方提供的一组契约保证信誉低的卖方达到他的保留效用水平,则对于信誉高的卖方也应该如此。其次,式(3.22)看上去是无关紧要的,这已经证明过。现在的难点在于信誉高的 $\underline{\theta}$ 卖方积极谎称自己是信誉低的 $\bar{\theta}$ 卖方,而不是相反的情形。

从上面对于约束的分析中可以得到,只有两个约束式是相关的,即 $\underline{\theta}$ 卖方的激励约束式(3.21)和 $\bar{\theta}$ 卖方的参与约束式(3.24),当然,这两个约束在最优情形下必须是紧的。事实上,如若不然,若 $\bar{U}=\varepsilon>0$,则此时买方将 $\bar{U}$ 减少 ε 单位,并且同样地将 $\underline{U}$ 减少 ε 单位,买方得到净收益 ε,因此 $\bar{U}=0$ 是最优的。类似地,若 $\underline{U}=\Delta\theta\bar{q}+\varepsilon,\varepsilon>0$,则买方可以在将 $\underline{U}$ 减少 ε 单位时得到收益 $\nu\varepsilon$,于是 $\underline{U}=\Delta\theta\bar{q}$ 是最优的,可以得到

$$\underline{U}=\Delta\theta\bar{q} \tag{3.25}$$

以及

$$\bar{U}=0 \tag{3.26}$$

将式(3.25)和式(3.26)代入式(3.20),就得到了简化的最优规划问题 (P'),其中唯一的控制变量为产出水平 q

(P'): $\max\limits_{(\underline{q},\bar{q})} v(S(\underline{q})-\underline{\theta}\underline{q})+(1-v)(S(\bar{q})-\bar{\theta}\bar{q})-v\Delta\theta\bar{q}$

将 (P') 与完全信息下的最优化问题作一比较可以发现,在不对称信息情形下,买方的目标函数中必须减掉付给信誉高的卖方的期望信息租金。信誉低的卖方没有任何租金,但信誉高的 $\underline{\theta}$ 卖方可以通过模仿信誉低的 $\bar{\theta}$ 卖方而得到信息租金。信息租金的多少取决于买方要求信誉低的卖方生产的产量 $\bar{q}$。这个信息租金也是建立中介的利润源泉,即买方通过中介间接和卖方交易,信息租金作为转移支付付给中介。

由于卖方所得到的期望租金并不依赖于产出水平 $\underline{q}$,则 (P') 问题的最优解对于信誉高的卖方的产出并不会产生扭曲,即

$$S'(\underline{q}^{SB})=\underline{\theta} \tag{3.27}$$

然而 $\bar{q}$ 对求最优值,得到的却是

$$(1-v)(S'(\bar{q}^{SB})-\bar{\theta})=v\Delta\theta \tag{3.28}$$

现在发现将信誉低的卖方的产出增加 $\mathrm{d}p$,可以增加配置效率,此时买方的期望支付的增加值为式(3.28)的左边再乘以 $\mathrm{d}p$,但同时,产出的微小增量同样增加了信誉高的卖方的信息租金,因而买方的期望效用减少的值为式(3.28)的右边再乘以 $\mathrm{d}p$。

因而在次优解中,买方既不愿意增加,也不愿意减少信誉低的卖方的产出水平,则可以通过信誉低的卖方产出的微小增量带来的边际收益与租金的边际成本相等来解决,或者通过中介的间接交易。

最后,为了确保上述分析是有效的,必须验证被我们搁置的另一个约束是否满足,对于信誉低的卖方,激励约束化为 $\Delta\theta\bar{q}^{SB}-\Delta\theta\underline{q}^{SB}\leqslant 0$,而由 $\underline{q}^{SB}=\underline{q}^{*}>\bar{q}^{*}>\bar{q}^{SB}$,于是次优产出水平的单调性成立,故上式必须满足。

假设买方提供的契约保留了信誉低的卖方的参与约束,则将上述分析加以综合,可得到如下的关于最优契约的刻画。

命题 3.1:

在不对称信息下,一组最优的契约具有如下特征:

对于信誉高的卖方,不存在产出水平的扭曲,即 $\underline{q}^{SB} = \underline{q}^*$,而对于信誉低的卖方,产出水平向下扭曲,即 $\bar{q}^{SB} < \bar{q}^*$,满足

$$S'(\bar{q}^{SB}) = \bar{\theta} + \frac{v}{1-v}\Delta\theta \tag{3.29}$$

信誉高的卖方得到一个严格正的信息租金,为

$$\underline{U}^{SB} = \Delta\theta \bar{q}^{SB} \tag{3.30}$$

或者这个严格正的信息租金作为间接交易的中介费用。

次优的转移支付分别为 $\underline{t}^{SB} = \underline{\theta}\underline{q}^* + \Delta\theta\bar{q}^{SB}$ 和 $\bar{t}^{SB} = \bar{\theta}\bar{q}^{SB}$。

3.7.2 次优结果的图示表达

从完全信息下的最优契约 (A^*, B^*) 出发,可以构造不完全信息下激励相容的契约 (B^*, C^*),它们具有相同的 $\underline{q}^*$,但卖方的转移支付却增加了,如图 3-4 所示。契约 C^* 在通过 B^* 的 $\underline{\theta}$ 卖方的无差异曲线上,因而,此时 $\underline{\theta}$ 卖方对于选择 B^* 或 C^* 是无差异的,因而 (B^*, C^*) 是一组激励相容的契约,而 $\underline{\theta}$ 卖方获得的租金为 $\Delta\theta\bar{q}^*$,或者建立第三方中介把该租金付给中介。

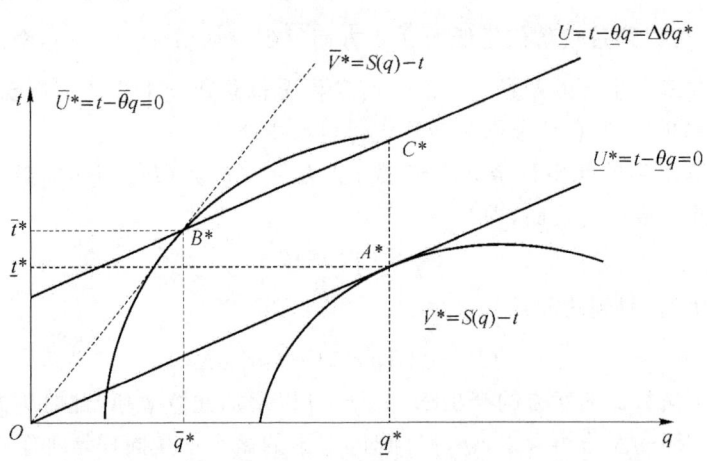

图 3-4 实施最优产出所需的租金

对于信誉低的卖方的产出水平,买方不再要求其为最优值 $\bar{q}^*$。事实上,买方把支付的一部分付给可以甄别质量高低的中介,就将势必减少用于产品的购买的资金,而相应地偏向于稍微减少产量 dp,通过这种方式所带来的期望的效率损失为 dp 的二阶项:$\frac{1}{2}(|S'(\bar{q}^*)|(dp)^2)$,因为 $\bar{q}^*$ 是信誉低的卖方的最优产出。然而此时,买方必须付出的信息租金却减少了 $\Delta\theta dp$,

$\Delta\theta \mathrm{d}p$ 是 $\mathrm{d}p$ 的一阶项。当通过减少信誉低的卖方的产出所带来的效率损失超过了降低信息租金的收益时,买方就会减少 $\bar{q}$。图 3-5 表达了这种两难冲突的均衡解 (A^{SB}, B^{SB})。

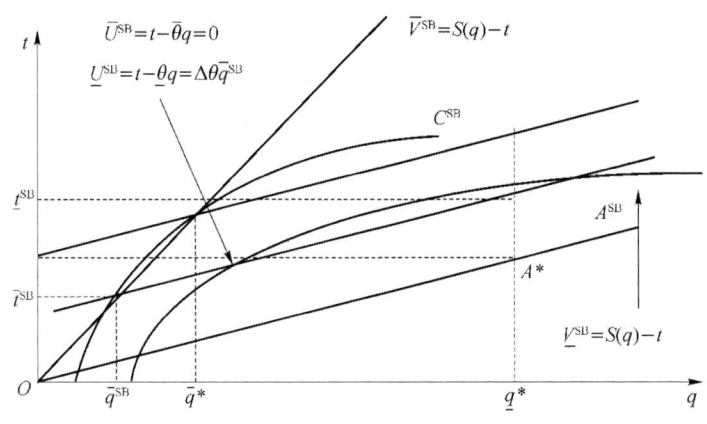

图 3-5　次优契约

3.7.3　淘汰中介策略

如果一阶条件式(3.29)没有正的解,则 $\bar{q}^{SB}$ 应设为 0。此时面临着一种特殊机制,即淘汰交易中的中介。在图 3-5 中,B^{SB} 为 0,而 A^{SB} 就等同于图 3-5 中的 A^*。在这种情形下,通过提供唯一的非零契约 $(\underline{t}^*, \underline{q}^*)$,使得 $\bar{\theta}$ 卖方无法抽取任何信息租金。在这种策略下,由于信誉低的卖方企业不再生产,则资源配置肯定是显著无效率的,而买方从中获益是不必再付信息租金给中介的。

更为一般地,在以下条件满足时,淘汰中介策略是最优的。

$$v(S(\underline{q}^*) - \underline{\theta}\,\underline{q}^*) \geqslant v(S(\underline{q}^{SB}) - \underline{\theta}\,\underline{q}^{SB} - \Delta\theta\bar{q}^{SB}) + (1-v)(S(\bar{q}^{SB}) - \bar{\theta}\,\bar{q}^{SB}) \quad (3.31)$$

或者注意到 $\underline{q}^* = \underline{q}^{SB}$,则上式变为

$$v\Delta\theta\bar{q}^{SB} \geqslant (1-v)(S(\bar{q}^{SB}) - \bar{\theta}\,\bar{q}^{SB}) \quad (3.32)$$

式(3.32)的左边表示在信誉低的卖方存在并生产 $\bar{q}^{SB}$ 时中介所获得的期望租金,而右边则表示信誉低的卖方的生产给社会带来的净效用。显然,当信誉低的卖方生产所带来的效益还抵不上买方委托人为此付给中介的信息租金时,淘汰中介就是最优的策略。

注:再次回顾式(3.29),发现当伊纳德(Inada)条件满足时,即 $S'(0) = +\infty$,$\lim\limits_{q \to 0} S'(q)q = 0$,则淘汰中介的策略就不再是最优的。事实上,此时式(3.29)所确定的 $\bar{q}^{SB}$ 总是正的。注意到,现在可以将 $S(\bar{q}^{SB}) - (\bar{\theta} + \frac{v}{1-v}\Delta\theta)\bar{q}^{SB}$ 重写为 $S(\bar{q}^{SB}) - S'(\bar{q}^{SB})\bar{q}^{SB}$,而由于 $S(q) - S'(q)q$ 在 $S'' < 0$ 时是严格增加的,并且当 $q = 0$ 时它为零,则 $S(q) - S'(q)q$ 也是严格正的。因而 $S(\bar{q}^{SB}) - (\bar{\theta} + \frac{v}{1-v}\Delta\theta)\bar{q}^{SB} > 0$,故淘汰情形不会出现。

而淘汰策略还依赖于保留效用水平。假设对于两类卖方,其保留效用均为 $U_0 > 0$,则式(3.32)变为

$$\frac{v}{1-v}\Delta\theta \bar{q}^{SB} + U_0 \geqslant S(\bar{q}^{SB}) - \bar{\theta}\,\bar{q}^{SB} \tag{3.33}$$

因此,当 v 足够大时,即使伊纳德条件 $S'(0) = +\infty$ 成立,淘汰中介仍然是可能的。注意到,当卖方具有严格正的固定成本 $F(>0)$ 时,上述情形也会发生,这只要令 $F=U_0$ 即可。

回到买方的最优规划 (P),淘汰中介策略的出现也可以理解为买方解决甄别问题的另一个抉择。在连续分布类型中,这个附加的变量是具有正产出的卖方类型的子集。当这个卖方的子集缩小时,显然付给中介的信息租金也会随之减少,而在这个两种类型的模型中,排除中介是最优的。

比格莱斯(Biglaiser,1993)证明,向一个存在逆向选择机制的市场引入一个垄断的中介,可以增进交易效率。他的分析意味着,中介比单个人有更大的动机监督产品的质量,因为中介购买了更多的产品。另外,由于中介希望建立更高的信誉,他也会有动机准确地报告产品的质量。比格莱斯的模型有 3 类当事人:买者、供应商和中介。一旦两个当事人相遇,他们会就交换条件讨价还价。中介没有动机去出售低质量的产品,因为他希望获得信誉的回报。所有的高质量产品都是经由中介卖出的,而大多数低质量的产品则通过直接交换卖给了消费者,从而存在着两个分离的均衡。

第4章 移动支付作为中介的市场微观结构

综合前两章的研究内容,本章概括了中国移动支付作为中介参与实物交易和电子商务交易的市场微观结构,如图 4-1 所示。

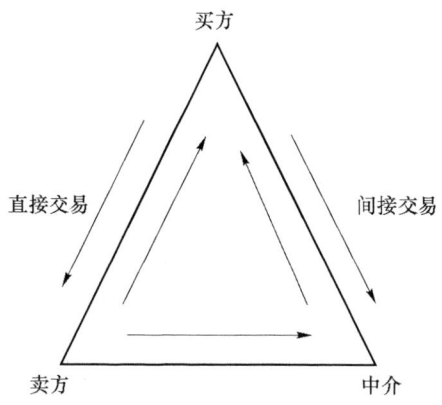

图 4-1 中国移动支付市场的微观结构

在上述分析中,中国移动支付市场的微观结构是买卖双方的直接交易和通过中介的间接交易相结合的激励相容的机制。在本章,首先分析直接交易模式的市场机制,建立移动支付市场的直接显示机制和卖方更一般的显示机制,然后讨论显示机制的事前和事后的参与约束,最后证明直接显示机制的纳什均衡实施。关于间接交易模式的市场机制的进一步分析将在下一章研究。

4.1 建立移动支付市场的直接显示机制

买方设计了一组契约,其中的每一个都适用于一种类型的卖方,通过中介买方和信誉高的卖方交易,买方直接和信誉低的卖方交易。对此,我们可能会有一些质疑,首先,买方是否可以提供更多的契约供卖方选择,以改进配置效率;其次,是否存在某种沟通途径,使得双方进行信息的交流,以使买方根据卖方所传递的信息指定一个契约。回答都是否定的,事实上,本章的显示原理的证明确保了买方可以不失一般性地提供一组简单的契约,其个数至多等于卖方类型空间的基数。这种简单的契约实际上就是一种直接的显示机制,其定义如下。

定义 4.1:

一个直接的显示机制是从类型空间 Θ 到配置集 A 的映射,满足 $g(\theta)=(q(\theta),t(\theta))$,这

时 $\theta \in \Theta$。如果卖方宣称自己的类型值 $\tilde{\theta} \in \Theta$,则买方承诺对于产量 $q(\tilde{\theta})$ 的转移支付为 $t(\tilde{\theta})$。

定义 4.2:

一个直接的显示机制是真实的,若它在卖方宣布自己真实的类型时是激励相容的,亦即直接显示机制满足如下的激励相容约束

$$t(\underline{\theta}) - \underline{\theta} q(\underline{\theta}) \geqslant t(\bar{\theta}) - \underline{\theta} q(\bar{\theta}) \quad (4.1)$$

$$t(\bar{\theta}) - \bar{\theta} q(\bar{\theta}) \geqslant t(\underline{\theta}) - \bar{\theta} q(\underline{\theta}) \quad (4.2)$$

不妨记不同类型下的转移支付和产出分别为 $t(\underline{\theta}) = \underline{t}, q(\underline{\theta}) = \underline{q}, t(\bar{\theta}) = \bar{t}, q(\bar{\theta}) = \bar{q}$,则又回到了式(3.9)和式(3.10)的激励约束上来。

当允许买方和卖方之间进行沟通联系时,则可以定义一个更为一般的机制,它要比要求卖方报告自己类型的显示机制复杂得多。令 μ 为在一般机制下卖方的信号空间,当然它可以是非常复杂的。给定买方接收到的来自卖方的信号 m,他可以指定一个产量 $\tilde{q}(m)$,并且提供一个转移支付 $\tilde{t}(m)$。

定义 4.3:

现在定义一个广义的机制为一个信号空间 μ 和一个从 $\mu \mapsto A$ 的映射 $\tilde{g}(\cdot)$,满足 $\tilde{g}(m) = (\tilde{q}(m), \tilde{t}(m)), \forall m \in \mu$。

当具有类型 θ 的卖方面对这样一个机制时,他会选择一个最优的信号 $m^*(\theta)$,满足

$$\tilde{t}(m^*(\theta)) - \theta \tilde{q}(m^*(\theta)) \geqslant \tilde{t}(\tilde{m}) - \theta \tilde{q}(\tilde{m}), \forall \tilde{m} \in \mu \quad (4.3)$$

因此,机制 $(\mu, \tilde{g}(\cdot))$ 诱导的一个配置规则 $a(\theta) = (\tilde{q}(m^*(\theta)), \tilde{t}(m^*(\theta)))$ 为从类型空间 Θ 到配置集 A 的一个映射,于是,可以给出单个卖方情形下的显示原理。

命题 4.1:

任何一个由机制 $(\mu, \tilde{g}(\cdot))$ 导致的配置规则 $a(\theta)$ 同样可以由真实的直接显示机制实施。

证明:

假设由间接机制 $(\mu, \tilde{g}(\cdot))$ 诱导的一个配置规则为 $a(\theta) = (\tilde{q}(m^*(\theta)), \tilde{t}(m^*(\theta)))$。此时,通过将函数 $\tilde{g}(\cdot)$ 和 $m^*(\cdot)$ 复合,可以构造一个直接显示机制 $g(\cdot): \Theta \to A$,即 $g(\cdot) = \tilde{g} \circ m^*(\cdot)$,或简单地写为

$$g(\theta) = (q(\theta), t(\theta)) \equiv \tilde{g}(m^*(\theta)) = (\tilde{q}(m^*(\theta)), \tilde{t}(m^*(\theta))), \forall \theta \in \Theta$$

图 4-2 所示的构造揭示了显示原理的核心内容。

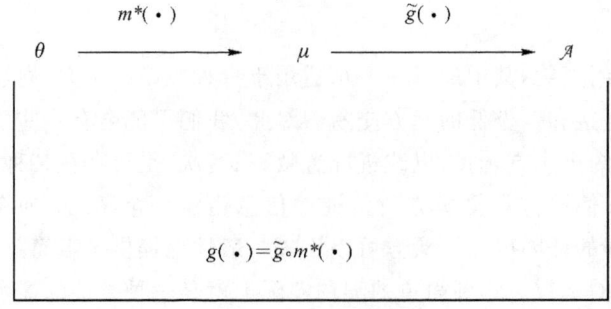

图 4-2 显示原理

现在来检验所构造的直接显示机制 $g(\cdot)$ 是真实的。事实上由于 $\forall \tilde{m}$,式(4.3)成立,对于 $\tilde{m}=m^*(\theta')$,$\forall \theta' \in \Theta$ 也应该成立,于是我们有

$$\tilde{t}(m^*(\theta))-\theta\tilde{q}(m^*(\theta)) \geqslant \tilde{t}(m^*(\theta'))-\theta\tilde{q}(m^*(\theta')), \forall (\theta,\theta') \in \Theta^2 \quad (4.4)$$

最后,使用 $g(\cdot)$ 的定义,我们得

$$t(\theta)-\theta q(\theta) \geqslant t(\theta')-\theta q(\theta'), \forall (\theta,\theta') \in \Theta^2 \quad (4.5)$$

因此,直接显示机制 $g(\cdot)$ 是真实的。

重要的是,显示原理为契约理论提供了一个大为简化的处理方法,因为它确保将契约的分析限制在一个简单的、较好定义的函数族,即真实的显示机制。

4.2 卖方更一般的显示机制

现在假设卖方的效用函数是一般的拟线性效用函数,$U=t-C(q,\theta)$,其中 $C_q>0$,$C_\theta>0$,$C_{qq}>0$ 以及 $C_{qq\theta}>0$。而此时一般性的斯彭斯-米尔利斯条件为 $C_{q\theta}>0$,这个条件保证了不同类型的卖方的无差异曲线最多相交一次,而上述分析的 $C(q,\theta)=\theta q$ 的情形显然满足。斯彭斯-米尔利斯条件的经济学含义是十分清晰的,简单地说就是,一个信誉高的卖方在边际上同样是高效率的。

对于可实施配置集的分析方法与前面相同,因而激励可行的配置满足如下的激励和参与约束

$$\underline{U}=\underline{t}-C(\underline{q},\underline{\theta}) \geqslant \overline{t}-C(\overline{q},\underline{\theta}) \quad (4.6)$$

$$\overline{U}=\overline{t}-C(\overline{q},\overline{\theta}) \geqslant \underline{t}-C(\underline{q},\overline{\theta}) \quad (4.7)$$

$$\underline{U}=\underline{t}-C(\underline{q},\underline{\theta}) \geqslant 0 \quad (4.8)$$

$$\overline{U}=\overline{t}-C(\overline{q},\overline{\theta}) \geqslant 0 \quad (4.9)$$

4.2.1 激励相容的最优契约

现在可得信誉高的卖方激励约束式(4.6)与信誉低的卖方的参与约束式(4.9)是与最优化问题相关的两个约束,可以将这些约束重新改写为

$$\underline{U} \geqslant \overline{U}+\Phi(\overline{q}) \quad (4.10)$$

其中 $\Phi(\overline{q})=C(\overline{q},\overline{\theta})-C(\overline{q},\underline{\theta})$〔根据函数 $C(\cdot)$ 的假设,注意到 $\Phi'>0,\Phi''>0$〕,以及

$$\overline{U} \geqslant 0 \quad (4.11)$$

在次优解中,这两个约束都是紧的,故信誉高的卖方的租金为

$$\underline{U}=\Phi(\overline{q}) \quad (4.12)$$

由于 $\Phi'>0$,则减少信誉低的卖方的产出同样减少了信誉高的卖方的信息租金。

根据函数 $C(\cdot)$ 的假设,同样可以检验买方的目标函数关于产量 q 是严格凹的。因而,买方最优规划的解可以归纳如下。

命题 4.2：

对于满足斯彭斯-米尔利斯条件 $C_{q\theta}>0$ 的一般的偏好，最优的契约满足：

信誉高的卖方的产出不存在扭曲，即 $\underline{q}^{SB}=\underline{q}^*$，满足

$$S'(\underline{q}^*)=C_q(\underline{q}^*,\underline{\theta}) \tag{4.13}$$

而信誉低的卖方的产出存在着向下的扭曲，即 $\bar{q}^{SB}<\bar{q}^*$，满足

$$S'(\bar{q}^*)=C_q(\bar{q}^*,\bar{\theta}) \tag{4.14}$$

以及

$$S'(\bar{q}^{SB})=C_q(\bar{q}^{SB},\bar{\theta})+\frac{v}{1-v}\Phi'(\bar{q}^{SB}) \tag{4.15}$$

只有通过中介交易的买方和信誉高的卖方的间接交易中的中介获得正的信息租金 $\underline{U}^{SB}=\Phi(\bar{q}^{SB})$。

次优的转移支付分别为 $\underline{t}^{SB}=C(\underline{q}^*,\underline{\theta})+\Phi(\bar{q}^{SB})$，以及 $\bar{t}^{SB}=C(\bar{q}^{SB},\bar{\theta})$。

如果被搁置的激励约束式(4.7)满足，则一阶条件式(4.13)和式(4.15)就刻画了一个最优的解。容易验证，式(4.7)成立，事实上只需验证

$$\bar{t}^{SB}-C(\bar{q}^{SB},\bar{\theta})\geqslant\underline{t}^{SB}-C(\underline{q}^{SB},\underline{\theta})+C(\underline{q}^{SB},\bar{\theta})-C(\underline{q}^{SB},\underline{\theta}) \tag{4.16}$$

这等价于

$$0\geqslant\Phi(\bar{q}^{SB})-\Phi(\underline{q}^{SB}) \tag{4.17}$$

由于 $\Phi'>0$ 及斯彭斯-米尔利斯条件，式(4.17)等价于 $\bar{q}^{SB}\leqslant\underline{q}^{SB}$。而由假设可以得 $\underline{q}^{SB}=\underline{q}^*>\bar{q}^*>\bar{q}^{SB}$。故斯彭斯-米尔利斯条件保证了我们只需考虑信誉高的卖方的激励约束。

这里，斯彭斯-米尔利斯条件的关键作用在于简化了约束条件，这一点在卖方多于两种类型时将更为明显。

注：更为一般地，可以将斯彭斯-米尔利斯条件 $C_{q\theta}$ 视作保号条件。若 $C_{q\theta}<0$，命题4.2并没有本质的变化，只不过此时信誉低的卖方的产出向上扭曲为 $\bar{q}^{SB}>\bar{q}^*>\underline{q}^*$。事实上，在这样一个模型中，信誉低的卖方的最优产出水平要超过信誉高的卖方，而此时，间接交易信誉高的卖方的中介获得的信息租金为 $\Phi(\bar{q})=C(\bar{q},\bar{\theta})-C(\bar{q},\underline{\theta})$，但此时必须通过增加 $\bar{q}$ 来减少租金，因为 $C_{q\theta}<0$。

4.2.2 无反应性质（小概率事件）

现在回到卖方成本函数的线性模型中，但同时假设买方的回报还依赖于 θ，即 $S=S(q,\theta)$。这是卖方类型直接影响买方效用函数的共同价值模型。除了假设交易所带来的利益具有正的且递减的边际价值外，还假设 $S_\theta>1$，后者的假设意味着买方从交易中带来的总价值随着卖方类型的递增而快速递增。例如，信誉高的卖方生产的产品质量劣于信誉低的卖方，而买方偏好高质量的产品。

现在，最优的产出水平由式 $S_q(\underline{q}^*,\underline{\theta})=\underline{\theta},S_q(\bar{q}^*,\bar{\theta})=\bar{\theta}$ 定义，满足 $S_\theta>1$，因而，最优的产出满足 $\underline{q}^*<\bar{q}^*$，但它不满足由激励相容性所蕴含的单调性。

在此情形下，买方所希望的信誉低的卖方 $\bar{\theta}$ 的产出高于信誉高的卖方 $\underline{\theta}$ 的要求与不对

称信息所带来的单调性限制之间存在着很强的冲突。这就是盖思内里和拉丰(Guesnerie and Laffont,1984)在分析连续分布类型的委托-代理人模型时所提出的无反应性质,这种现象使得对卖方的甄别更加困难,事实上,只有在 $\underline{q}^{SB} = \underline{q}^*$ 以及满足

$$S_q(\bar{q}^{SB}, \bar{\theta}) = \bar{\theta} + \frac{v}{1-v}\Delta\theta \tag{4.18}$$

并且满足单调性 $\bar{q}^{SB} \geqslant \underline{q}^{SB}$ 时,次优解才能带来甄别效应。然而,当 v 足够小时,由式(4.18)所定义的 $\bar{q}^{SB}$ 接近于最优解 $\bar{q}^*$。于是有 $\underline{q}^{SB} > \bar{q}^{SB}$,因而单调式(3.15)不成立。因此无反应性质迫使买方使用一个混同的配置。图4-3表示了这种无反应性质。

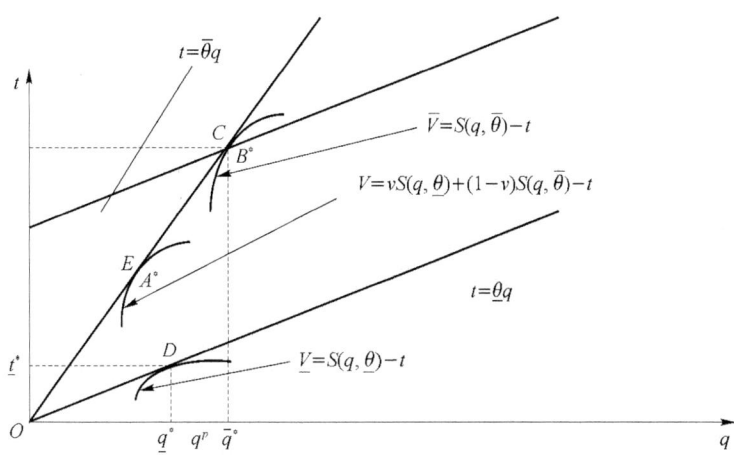

图4-3 无反应性质

图4-3与图3-4类似,图中最优的契约为 (A^*, B^*),它不是激励相容的。但与3.7.2节相比较,此时契约 C 虽然对于 $\bar{\theta}$ 类型是无差异的,但对于信誉低的卖方 $\bar{\theta}$ 却更为偏好。

解决这个问题的另一个方法是将 $\bar{q}$ 降低到 $\underline{q}^*$,这得到了契约 D,此时两种类型的激励相容约束都能满足,D 是一个混同的配置。然而买方却可以通过移动 $\bar{\theta}$ 类型的保留效用曲线得到另一个混同配置。事实上,最优的混同配置是以下最优规划(P)的解

$$(P): \max_{(q^p, t^p)} vS(q^p, \underline{\theta}) + (1-v)S(q^p, \bar{\theta}) - t^p$$

约束于:$t^p - \underline{\theta}q^p \geqslant 0$ \hfill (4.19)

$$t^p - \bar{\theta}q^p \geqslant 0 \tag{4.20}$$

此时,紧的参与约束显然是信誉低的卖方的约束式(4.20)。因此,最优问题的解由

$$vS_q(q^p, \underline{\theta}) + (1-v)S_q(q^p, \bar{\theta}) = \bar{\theta} \tag{4.21}$$

以及

$$t^p = \bar{\theta}q^p \tag{4.22}$$

来刻画,其中 $q^p < \bar{q}^*$,因为 $S_{q\theta} > 0$。

混同契约由图4-3中点 E 表示(当然也有可能在 D 的左边或右边),而无差异曲线 V 表示买方的"平均"效用

$$S(q) - t = vS(q, \underline{\theta}) + (1-v)S(q, \bar{\theta}) - t$$

总之,当存在无反应性质时,买方的偏好与激励约束之间所存在的尖锐冲突使得买方不可能利用卖方的选择甄别卖方的类型。

4.2.3 多于两种商品的情形

现在假设所生产的产品为 $q=(q_1,\cdots,q_n)$,卖方的成本函数为 $C(q,\theta)$,其中 $C(\cdot)$ 是严格凸的,而买方的消费价值为 $S(q)$,其中 $S(\cdot)$ 是关于 q 的严格凹函数。

在这个多元产品的激励问题中,买方所关心的是卖方所有的生产活动带来的收益。容易验证,信誉高的卖方的中介的信息租金可以写为 $\underline{U}=\Phi(\bar{q})$,其中 $\Phi(\bar{q})=C(\bar{q},\bar{\theta})-C(\bar{q},\underline{\theta}))$。

现在得到以下的次优解,其中信誉高的卖方的次优产出为 $\underline{q}^{SB}=\underline{q}^*$,满足
$$S_{q_i}(\underline{q}^*)=C_{q_i}(\underline{q}^*,\underline{\theta}),\ \forall i\in\{1,\cdots,n\} \tag{4.23}$$

而信誉低的卖方的次优产出满足
$$S_{q_i}(\bar{q}^{SB})=C_{q_i}(\bar{q}^{SB},\bar{\theta})+\frac{v}{1-v}\Phi_{q_i}(\bar{q}^{SB}),\ \forall i\in\{1,\cdots,n\} \tag{4.24}$$

如果不对成本函数和买方效用函数作进一步的假设,于是很难将次优结果与最优结果作进一步的比较,而信誉低的卖方的最优产出满足
$$S_{q_i}(\bar{q}^*)=C_{q_i}(\bar{q}^*,\bar{\theta}),\ \forall i\in\{1,\cdots,n\} \tag{4.25}$$

事实上,由上面 n 个一阶条件式(4.24)所确定的次优产出中,其中某些产品可能满足 $\bar{q}_i^{SB} \geqslant \underline{q}_i^*$。

现在讨论激励相容问题,对于任何激励可行的契约,将激励约束 $\underline{U} \geqslant \bar{U}+\Phi(\bar{q})$ 和 $\bar{U} \geqslant \underline{U}-\Phi(\underline{q})$ 相加得
$$\Phi(\underline{q})=C(\underline{q},\bar{\theta})-C(\underline{q},\underline{\theta}) \geqslant C(\bar{q},\bar{\theta})-C(\bar{q},\underline{\theta})=\Phi(\bar{q}) \tag{4.26}$$

对于所有可实施的产出 $(\bar{q},\underline{q})$ 都成立。

显然,如果斯彭斯-米尔利斯条件 $C_{q\theta}>0$ 成立,并且对于所有的产品单调性 $\bar{q}_i<\underline{q}_i$ 满足,则式(4.26)显然成立,事实上,对于次优解式(4.24),因为 $\bar{q}^{SB}<\underline{q}_i^*<\underline{q}_i^{SB}$,则式(4.26)成立。然而,反过来则不一定成立,因而仍然有可能出现对于某些产品 $\bar{q}_i^{SB}>\underline{q}_i^{SB}=\underline{q}_i^*$,无论如何,对于以向量形式表示的全部产出,式(4.26)对于次优的产出向量仍然成立。

所以,一般地,可实施性条件式(4.26)在一个多元产品的环境中比单个产品下简单的单调性条件显得更为复杂。

4.3 显示机制的事前与事后的参与约束

正如前文所述,在涉及逆向选择时,所考虑的契约都是在中期阶段提供的,亦即卖方已经获知了自己的类型。但在有些情形下,买方和卖方只能在事前签订契约,此时卖方也未获知其类型。在本节中,还要在买卖双方不同的风险回避系数假设下,讨论不同时序下的最优契约。

4.3.1 风险中性

假设买方与卖方在后者获知自己的类型 θ 之前签订契约,如果卖方是风险中性的,则他

事前的参与约束变为

$$v\underline{U} + (1-v)\overline{U} \geqslant 0 \tag{4.27}$$

该事前的参与约束代替了规划问题(P)中的两个参与约束〔式(3.23)和式(3.24)〕,它代表的是事前契约必须确保卖方的期望信息租金不能为负。

从式(3.20)中不难发现,买方的目标函数是卖方期望信息租金的减函数。事实上,在最优时,买方给予卖方的期望信息租金为0,因而式(4.27)是紧的。

同时,买方必须适当地调整租金$\underline{U}$和$\overline{U}$,以确保激励约束式(3.21)和式(3.22)能够满足。例如,可以给出一个满足3个不等式〔式(3.21)、式(3.22)及式(4.27)〕的例子

$$\underline{U}^* = (1-v)\Delta\theta\overline{q}^* > 0, \quad \overline{U}^* = -v\Delta\theta\overline{q}^* < 0 \tag{4.28}$$

对于这样一个租金分布,最优契约可以无代价地实施帕累托最优的结果,如果可实施性条件所要求的单调性能够成立。但是对于无反应性质情形,这个性质不再成立。在后者情形下,即使卖方是风险中性的,事前契约也不一定是帕累托有效的。

在由式(4.28)所定义的契约中,当卖方信誉高时,他会得到奖励;而当他信誉低时,则他会受到惩罚。为了实现信息的真实揭示,信息租金的分布必然带有一定的风险,但是这种风险对于买方是无代价的,因为卖方是风险中性的。然而,为了使该契约能够执行,必须要求强有力的司法保障。因为一旦卖方是信誉低的,对他的惩罚就会带来负的支付。

命题 4.3:

当卖方是风险中性,并且契约在事前签订时,则最优的激励相容契约可以实施帕累托最优的配置。

注:事实上,在由式(3.21)和式(3.22)所定义的激励约束与由式(4.27)所定义的事前参与约束所共同决定的事前约束中,买方事实上可以对租金$\underline{U}$和$\overline{U}$有更多的选择余地,考虑契约$\{(\underline{t}^*, \underline{q}^*); (\overline{t}^*, \overline{q}^*)\}$,其中$\underline{t}^* = S(\underline{q}^*) - T^*$以及$\overline{t}^* = S(\overline{q}^*) - T^*$,$T^*$为一个一揽子转移支付,则此类契约是激励相容的。因为由$\underline{q}^*$的定义

$$\underline{t}^* - \underline{\theta}\underline{q}^* = S(\underline{q}^*) - \underline{\theta}\underline{q}^* - T^* > \overline{t}^* - \underline{\theta}\overline{q}^* = S(\overline{q}^*) - \underline{\theta}\overline{q}^* - T^* \tag{4.29}$$

以及由$\overline{q}^*$的定义

$$\overline{t}^* - \overline{\theta}\overline{q}^* = S(\overline{q}^*) - \overline{\theta}\overline{q}^* - T^* > \underline{t}^* - \overline{\theta}\underline{q}^* = S(\underline{q}^*) - \overline{\theta}\underline{q}^* - T^* \tag{4.30}$$

注意到,此时激励约束是严格的不等式,并且买方可以调整转移支付T^*,以确保事前参与约束成立

$$T^* = v(S(\underline{q}^*) - \underline{\theta}\underline{q}^*) + (1-v)(S(\overline{q}^*) - \overline{\theta}\overline{q}^*)$$

这个契约能够实现帕累托最优的结果,它相当于买方将合作关系所带来的收益转让给了风险中性的卖方,其支付为T^*。此时,卖方将获得从交易中获得的全部剩余,同时承担所有的风险,称这种情形下的卖方为交易利润的剩余索取者。

4.3.2 风险回避

在前面已经证明了对于风险中性的卖方,帕累托最优的配置是可实施的,而实施最优配置的机制必须让卖方承担一定的风险,而当卖方是风险回避的时,这种风险就是有代价的。

不妨考虑一个风险回避的卖方,其冯·诺依曼-摩根斯坦(von Neumann-Morgenstern)

效用函数 $u(\cdot)$ 定义在货币支付 $t-\theta q$ 上,满足 $u'>0, u''<0$ 及 $u(0)=0$。现在仍然假设买方与卖方之间的契约是在卖方发现自己的类型之前签订的。此时,卖方的激励约束并没有变化,但事前参与约束应改写为

$$vu(\underline{U})+(1-v)u(\overline{U})\geqslant 0 \tag{4.31}$$

一般地,可以假设式(3.22)在最优状态下是非紧的。买方的最优规划问题为

$$(P): \max_{\{(\overline{U},\overline{q}),(\underline{U},\underline{q})\}} v(S(\underline{q})-\underline{\theta}\underline{q}-\underline{U})+(1-v)(S(\overline{q})-\overline{\theta}\overline{q}-\overline{U})$$

约束于式(4.27)和式(4.31)

于是将上述规划问题的解归纳为如下的命题。

命题 4.4:

当卖方是风险回避的并且契约在事前签订时,最优的契约满足:

对于信誉高的卖方不存在产量上的扭曲,即 $\underline{q}^{SB}=\underline{q}^*$,但对于信誉低的卖方,产出水平向下扭曲,即 $\overline{q}^{SB}<\overline{q}^*$,以及

$$S'(\overline{q}^{SB})=\overline{\theta}+\frac{v(u'(\overline{U}^{SB})-u'(\underline{U}^{SB}))}{vu'(\underline{U}^{SB})+(1-v)u'(\overline{U}^{SB})}\Delta\theta \tag{4.32}$$

只有式(3.21)和式(4.31)是紧的约束,信誉高的卖方得到严格正的信息租金,而信誉低的卖方得到严格负的信息租金,即 $\underline{U}^{SB}>0>\overline{U}^{SB}$。

对于风险回避的卖方,与前面不同的是,买方不可能再毫无代价地通过重新分配卖方的信息租金来确保满足信誉高类型的激励相容约束。买方通过调整 $\underline{U}$ 和 $\overline{U}$ 以满足式(3.21),使得风险回避的买方承担某些风险,为了确保卖方的参与,买方必须支付风险溢金,为了减少风险溢金,则必须向下调整信誉低的卖方的产出水平,这又使得卖方承担的风险减少。因而如同前面所预计的那样,卖方的风险回避导致买方降低了激励强度。

对于一个不变的绝对风险回避系数的效用函数 $u(x)=\dfrac{1-\exp(-rx)}{r}$,从式(4.32)可以得到一个显示解

$$S'(\overline{q}^{SB})=\overline{\theta}+\frac{v}{1-v}\Delta\theta(1-\frac{1}{v+(1-v)\exp(r\Delta\theta\overline{q}^{SB})}) \tag{4.33}$$

而信誉高的卖方事后效用为

$$\underline{U}^{SB}=\Delta\theta\overline{q}^{SB}+\frac{1}{r}\ln(1-v+v\exp(-r\Delta\theta\overline{q}^{SB}))>0 \tag{4.34}$$

信誉低的卖方事后效率为

$$\overline{U}^{SB}=\frac{1}{r}\ln(1-v+v\exp(-r\Delta\theta\overline{q}^{SB}))<0 \tag{4.35}$$

激励强度由于风险回避系数的增加而减少,若风险回避系数 $r\to 0$,则 $\overline{q}^{SB}$ 趋向于最优的产出 $\overline{q}^*$。事实上,从前面的分析中可知,对于风险中性的卖方和事前的参与约束,最优的契约可以实现帕累托有效的产出,并且两个类型卖方的效用水平都趋同于式(4.37)。

当卖方具有无限的风险回避度时,则又回到了事后个人理性约束的情形〔式(3.24)〕。在极限情形下,信誉低的卖方的产出水平 $\overline{q}^{SB}$ 和效用水平 $\overline{U}^{SB}$,以及信誉高的卖方的效用水平 $\underline{U}^{SB}$ 都收敛到命题3.1的解,因此,又可以将3.2节的模型视作买方与一个具有无限风险回

避度的卖方在事前签订的契约。

现在考虑一个风险回避的买方,其冯·诺依曼-摩根斯坦效用函数 $v(\cdot)$ 定义在货币形式的交易收益 $S(q)-t$ 上,满足 $v'>0, v''<0$ 及 $v(0)=0$,并且买方与一个风险中性的卖方在卖方获知自己的类型之前签订契约。

在此情形下,可以证明,最优的契约可以实施最优的产出水平 $\underline{q}^*$ 和 $\bar{q}^*$,同时,买方在两种状态下(高效率与低效率)被完全保险,并且卖方的事前参与约束是紧的。这可以推出关于卖方租金 $\underline{U}^*$ 和 $\bar{U}^*$ 的两个条件

$$S(\underline{q}^*) - \underline{\theta}\,\underline{q}^* - \underline{U}^* = S(\bar{q}^*) - \bar{\theta}\,\bar{q}^* - \bar{U}^* \tag{4.36}$$

以及

$$v\underline{U}^* + (1-v)\bar{U}^* = 0 \tag{4.37}$$

解此方程,可以得到

$$\underline{U}^* = (1-v)(S(\underline{q}^*) - \underline{\theta}\,\underline{q}^* - (S(\bar{q}^*) - \bar{\theta}\,\bar{q}^*)) \tag{4.38}$$

以及

$$\bar{U}^* = -v(S(\underline{q}^*) - \underline{\theta}\,\underline{q}^* - (S(\bar{q}^*) - \bar{\theta}\,\bar{q}^*)) \tag{4.39}$$

注意到,最优的信息租金同时满足两个类型的激励相容约束

$$\underline{U}^* - \bar{U}^* = S(\underline{q}^*) - \underline{\theta}\,\underline{q}^* - (S(\bar{q}^*) - \bar{\theta}\,\bar{q}^*) > \Delta\theta\,\bar{q}^* \tag{4.40}$$

以及

$$\bar{U}^* - \underline{U}^* = S(\bar{q}^*) - \bar{\theta}\,\bar{q}^* - (S(\underline{q}^*) - \underline{\theta}\,\underline{q}^*) > -\Delta\theta\,\underline{q}^* \tag{4.41}$$

因而租金 $(\underline{U}^*, \bar{U}^*)$ 是激励相容的,并且帕累托最优的配置是可以实施的。

命题 4.5:

当买方是风险回避的,而卖方是风险中性的时,如果双方的契约在事前签订,则最优的激励契约实施了帕累托最优的配置。

注意到,由式(4.38)和式(4.39)所得到的 $\underline{U}^*$ 和 $\bar{U}^*$ 与从式(4.39)和式(4.30)所得到的表达式相同。事实上,通过一揽子转移支付 $T^* = v(S(\underline{q}^*) - \underline{\theta}\,\underline{q}^*) + (1-v)(S(\bar{q}^*) - \bar{\theta}\,\bar{q}^*)$,一方面买方可以使风险中性的卖方成为事实上的剩余索取者,并且使买方自己完全被保险;另一方面直接使风险中性的卖方成为交易价值的剩余索取者,事前的契约同样可以使买方完全被保险,并且实施帕累托最优的配置——尽管存在着信息不对称。

当然,如果要求买方的中期参与约束必须满足,则上述结果不再成立。事实上,仍然可以推测式(3.22)在最优时是非紧的约束,于是买方的规划问题为

$$(P): \max_{\{(\bar{U},\bar{q}),(\underline{U},\underline{q})\}} vv(S(\underline{q}) - \underline{\theta}q - \underline{U}) + (1-v)v(S(\bar{q}) - \bar{\theta}\bar{q} - \bar{U})$$

约束于式(3.21)和式(3.24)

将从式(3.23)和式(3.24)中解出的 $\underline{U}$ 和 $\bar{U}$ 代入买方的目标函数,可以解出最优的产出水平为 $\underline{q}^{SB} = \underline{q}^*$,即信誉高的卖方的产量没有扭曲,如同买方风险中性情形,而信誉低的卖方的产出水平则向下扭曲,$\bar{q}^{SB} < \bar{q}^*$,满足

$$S'(\bar{q}^{\mathrm{SB}}) = \bar{\theta} + \frac{vv'(\underline{V}^{\mathrm{SB}})}{(1-v)v'(\bar{V}^{\mathrm{SB}})}\Delta\theta \tag{4.42}$$

其中 $\underline{V}^{\mathrm{SB}} = S(\underline{q}^*) - \underline{\theta}\underline{q}^* - \Delta\theta\bar{q}^{\mathrm{SB}}$ 及 $\bar{V}^{\mathrm{SB}} = S(\bar{q}^{\mathrm{SB}}) - \bar{\theta}\bar{q}^{\mathrm{SB}}$ 分别为买方在两个状态下的支付。容易验证，$\underline{V}^{\mathrm{SB}} > \bar{V}^{\mathrm{SB}}$，因为 $S(\bar{q}^{\mathrm{SB}}) - \underline{\theta}\bar{q}^{\mathrm{SB}} < S(\underline{q}^*) - \underline{\theta}\underline{q}^*$。

事实上，可以发现式(4.42)左边所带来的产出的扭曲要低于 $\frac{v}{1-v}\Delta\theta$，即买方风险中性相对应的产出水平向上扭曲，就会减小 $\underline{V}^{\mathrm{SB}}$ 与 $\bar{V}^{\mathrm{SB}}$ 之间的差异，这会给予买方更多的保险，因而增加了他事前的效用水平。

例如，对于 $v(x) = \frac{1-e^{-rx}}{r}$ 的情形，则由式(4.42)解出

$$S'(\bar{q}^{\mathrm{SB}}) = \bar{\theta} + \frac{v}{(1-v)}e^{r(\bar{V}^{\mathrm{SB}} - \underline{V}^{\mathrm{SB}})}\Delta\theta$$

若 $r=0$，就回到了买方是风险中性并且卖方具有中期参与约束的情形。由于 $\underline{V}^{\mathrm{SB}} > \bar{V}^{\mathrm{SB}}$，知当 $r \to +\infty$ 时，最优的配置是可以实施的。在极限情形下，具有无限风险回避的买方只会关注信誉低的状态，因为不能将任何租金留给信誉低的卖方，并且他可以毫无代价地将一部分租金留给信誉高的卖方。

4.3.3 承诺

在前面的分析中，为了解决激励问题，隐含了这样一个假设：买方能够承诺对租金进行合理分配以揭示卖方的信息，并且同样地，为了减少买方的信息租金，使得最终的配置低于帕累托有效的水平。而实质上，这种隐含的承诺意味着司法部门可以完全确保契约的执行，并且不会出现双方对于契约进行事后的重新谈判或修订的情况。如果放松这两个假设，则情形又将如何？

1. 对契约的重新谈判

当买方和卖方就事先签订的契约进行重新谈判时，买方事前的承诺就是有限的。当然，谈判必须是自愿的，并且对双方都能带来好处，这一点应当与某一方单边毁约并且损害另一方利益的情形相区别。另外，也可以将重新谈判的过程视为契约双方有能力对交易结果作帕累托改进，如果它是激励可行的。

事实上，一旦买方通过设计契约 $(\underline{t}^{\mathrm{SB}}, \underline{q}^{\mathrm{SB}})$ 和 $(\bar{t}^{\mathrm{SB}}, \bar{q}^{\mathrm{SB}})$ 使得两个类型卖方进行自选择并揭示出买方的类型，买方就可以建议重新谈判以改进他施加于信誉低的卖方的无效率产出水平。重新谈判所得到的收益来自将信誉低的卖方的产出从 $\bar{q}^{\mathrm{SB}}$ 改进到 $\underline{q}^*$。为了使信誉低的卖方从中受益，买方必须保证他的效用不低于谈判前的水平。通过设计 $\bar{t}^{\mathrm{SB}} = \bar{\theta}\bar{q}^{\mathrm{SB}}$ 以及 $\underline{t}^* = \underline{\theta}\underline{q}^*$，仍然可以将信誉低的卖方的效用置为零。然而，提高这种转移支付同样会使信誉高的卖方的激励相容约束难以满足，事实上，对于信誉高的卖方，此时就会更积极地隐瞒自己的真实类型以获取较高的转移支付，因而均衡时，信誉高的卖方的类型显示就无法获得。所以当存在重新谈判的可能性时，提高资源配置事后效率与加强事前的激励约束之间就会出现一个两难冲突。

承诺问题似乎与直接显示机制的设计相关,因为重新谈判发生在卖方显示了自己的类型之后,而在买方确定目标产量之前。考虑一个简单的等价的间接机制,其中买方提供给卖方相同的契约,通过中介让卖方自己选择产出水平。这个备选机制并不要求买方与卖方在事前进行沟通,卖方被授权选择产出水平,并且若这种选择是不可更改的,则不存在重新谈判的可能。而在真正的动态选择问题中,当双方的行动发生在不同的阶段时,则承诺是否有效就很成问题。

2. 违约

导致承诺不可信的第二个原因是买方或卖方可能单方面违约,因而契约中所规定的责任就会被取消。不妨考虑买方单边违约的情形。事实上,一旦卖方通过选择买方提供的契约而显示了自己的真实类型,则买方在获知后就会提出一个完全信息的契约以抽取所有的信息租金,并且不会牺牲配置效率。当然,理性的卖方应当预期到这种违约的可能性,并且这种预期会抵消买方在一开始说真话的积极性。同样,当卖方面临一个事后的负的效用时,也有可能毁约。在这种情形下,卖方在事后违约的威胁迫使买方考虑中期的参与约束。考虑这种可能性,本章集中分析中期契约就是十分自然的。

4.4 直接显示机制的纳什均衡实施

现在研究一个稍微复杂的机制以实施事后有效的配置,而且所设计的对策是在事后完全信息下进行的,这样对最优的买方和卖方的两人机制的数学模型刻画就可以非常直接方便。

按照以上假设,一个一般性的机制会涉及两个信号空间,一个是买方的 μ_b,而另一个是卖方的 μ_s。仍然记 $\mathcal{A}$ 为可行的配置集,于是就有如下定义。

定义 4.4:

一个机制包括一对信号空间 μ_b 和 μ_s,以及一个从 $\mu = \mu_s \times \mu_b$ 到 $\mathcal{A}$ 的映射 $\tilde{g}(\cdot)$,对于 $\tilde{g}(m_s, m_b) = (\tilde{q}(m_s, m_b), \tilde{t}(m_s, m_b))$,所有的 (m_s, m_b) 都属于 μ。

为了给出具体的分析,假设买方和卖方的效用函数分别为 $V = S(q, \theta) - t$ 和 $U = t - C(q, \theta)$。在此,最优配置规制 $a^*(\theta) = (t^*(\theta), q^*(\theta))$ 应满足

$$S_q(q^*(\theta), \theta) = C_q(q^*(\theta), \theta) \tag{4.43}$$

$$t^*(\theta) = C_q(q^*(\theta), \theta) \tag{4.44}$$

现在来考虑交易双方的机制 $(\mu, \tilde{q}(\cdot))$ 的一个纳什均衡。由纳什均衡的定义,它应当是一对信号 $(m_s^*(\cdot), m_b^*(\cdot))$,满足以下的激励条件,对于买方

$$S(\tilde{q}(m_s^*(\theta), m_b^*(\theta)), \theta) - \tilde{t}(m_s^*(\theta), m_b^*(\theta)) \geqslant$$
$$S(\tilde{q}(m_s^*(\theta), \tilde{m}_b), \theta) - \tilde{t}(m_s^*(\theta), \tilde{m}_b), \ \forall \theta \in \Theta, \tilde{m}_b \in \mu_b \tag{4.45}$$

以及对于卖方

$$\tilde{t}(m_s^*(\theta), m_b^*(\theta)) - C(\tilde{q}(m_s^*(\theta), m_b^*(\theta)), \theta) \geqslant$$
$$\tilde{t}(\tilde{m}_s, m_b^*(\theta)) - C(\tilde{q}(\tilde{m}_s, m_b^*(\theta)), \theta), \ \forall \theta \in \Theta, \tilde{m}_s \in \mu_s \tag{4.46}$$

式(4.45)表明,当买方推定卖方的策略为给定的 $m_s^*(\theta)$ 时,他最优的反应是 $m_b^*(\theta)$。同

样,式(4.46)表明,卖方的策略 $m_s^*(\theta)$ 是对于买方行动的一个最优反应。

引入如下定义。

定义 4.5:

称一个配置规则 $a(\theta):\Theta \to A$ 由机制 $(\mu,\tilde{g}(\cdot))$ 纳什均衡实施,若存在一个纳什均衡 $(m_s^*(\cdot),m_b^*(\cdot))$,使得

$$a(\theta)=(\tilde{q}(m_s^*(\theta),m_b^*(\theta)),\tilde{t}(m_s^*(\theta),m_b^*(\theta))), \forall \theta \in \Theta$$

当将信号空间简化为可能的类型空间 Θ 时,就可以得到如下的定义。

定义 4.6:

一个直接机制是一个从 $\Theta^2 \to A$ 的映射 $g(\cdot)$,满足 $g(\tilde{\theta}_s,\tilde{\theta}_b)=(q(\tilde{\theta}_s,\tilde{\theta}_b),t(\tilde{\theta}_s,\tilde{\theta}_b))$,其中 $\tilde{\theta}_s$(或 $\tilde{\theta}_b$)为卖方(买方)的报告。

定义 4.7:

一个直接显示机制是说真话的(真实的),若卖方和买方真实地报告自己的类型是一个纳什均衡。

记 $N_g(\theta)$ 为状态 θ 下,直接显示机制 $g(\cdot)$ 的纳什均衡集,则可得到如下定义。

定义 4.8:

称配置规则 $a(\theta)$ 是可以由直接显示机制 $g(\cdot)$ 的纳什均衡实施的,若买方和卖方报告自己真实类型的策略构成一个机制 $g(\cdot)$ 的纳什均衡,并且满足 $a(\theta)=g(\theta,\theta), \forall \theta \in \Theta$。

真实的直接显示机制必须满足以下的纳什激励约束

$$S(q(\theta,\theta),\theta)-t(\theta,\theta) \geqslant (S(q,\tilde{\theta}_b),\theta)-t(\theta,\tilde{\theta}_b), \forall (\theta,\tilde{\theta}_b) \in \Theta^2 \quad (4.47)$$

$$t(\theta,\theta)-C(q(\theta,\theta),\theta) \geqslant t(\tilde{\theta}_s,\theta)-C(q(\tilde{\theta}_s,\theta),\theta), \forall (\tilde{\theta}_s,\theta) \in \Theta^2 \quad (4.48)$$

现在可以证明在此完全信息背景下的新的显示原理。

命题 4.6:

任何可以由机制 $(\mu,\tilde{g}(\cdot))$ 纳什均衡实施的配置规则 $a(\theta)$,同样可以由一个真实显示机制纳什均衡实施。

证明: 机制 $(\mu,\tilde{g}(\cdot))$ 所诱导的配置规则为 $a(\theta)=((\tilde{q}(m_s^*(\theta),m_b^*(\theta))),\tilde{t}(m_s^*(\theta),m_b^*(\theta)))$,其中 $(m_s^*(\theta),m_b^*(\theta))$ 是卖方和买方的纳什均衡。现在定义一个直接机制 $g(\cdot)$ 为 $g(\cdot):\Theta^2 \to A$,满足 $g(\theta,\theta)=\tilde{g} \circ m^*(\theta)$,其中 $m^*(\theta)=(m_s^*(\theta),m_b^*(\theta))$。对于所有的状态 θ,有 $g(\theta,\theta)=(q(\theta,\theta),t(\theta,\theta)) \equiv \tilde{g}(m^*(\theta))=(\tilde{q}(m_s^*(\theta),m_b^*(\theta)),\tilde{t}(m_s^*(\theta),m_b^*(\theta)))$。

现在验证它在参与人说真话时是一个纳什均衡。对于买方,有

$$S(q(\theta,\theta),\theta)-t(\theta,\theta)$$
$$=S(\tilde{q}(m_s^*(\theta),m_b^*(\theta)),\theta)-\tilde{t}(m_s^*(\theta),m_b^*(\theta))$$
$$\geqslant S(\tilde{q}(m_s^*(\theta),\tilde{m}_b),\theta)-\tilde{t}(m_s^*(\theta),\tilde{m}_b)$$
$$\forall \theta \in \Theta, \tilde{m}_b \in \mu_b$$

令 $\tilde{m}_b=m_b^*(\theta'), \forall \theta' \in \Theta$,可以得到

$$S(q(\theta,\theta),\theta)-t(\theta,\theta) \geqslant$$
$$S(\tilde{q}(m_s^*(\theta),m_b^*(\theta')),\theta)-\tilde{t}(m_s^*(\theta),m_b^*(\theta'))$$
$$\forall (\theta,\theta') \in \Theta^2$$

最后,得到

$$S(q(\theta,\theta),\theta)-t(\theta,\theta)\geqslant S(q(\theta,\theta'),\theta)-t(\theta,\theta'), \quad \forall (\theta,\theta')\in \Theta^2$$

因而,对于卖方说真话的策略,买方的最优反应也是说真话。类似地,可以验证,卖方说真话也是一个最优反应,因而报告自己的真实类型是一个纳什均衡。

证毕。

下面的一个重要问题是确定由激励约束式(4.47)和式(4.48)所施加的对配置的约束中,哪一个真正具有限制性。尤其是想知道在什么条件下,最优的配置规则 $a^*(\theta)=(t^*(\theta),q^*(\theta))$ 是可以作为一个直接显示机制的纳什均衡实施的。事实上,激励相容约束在这个框架下对于可实施的配置所施加的约束并不具有多少限制性。

为了说明这一点,不妨考虑一个简单的情形,其中买方的效用函数不直接依赖于 θ,即他的效用为 $V=S(q)-t$,卖方的成本函数是线性的,如第 3 章的情形,$U=t-\theta q$。已知纳什均衡最优的配置必须使产量交易量 $q^*(\theta)$ 满足 $S'(q^*(\theta))=\theta$,并且通过转移支付 $t^*(\theta)=\theta q^*(\theta)$,买方获得了所有的交易收益。

可以用一个矩阵表示一个纳什均衡配置规则 $a^*(\theta)=(t^*(\theta),q^*(\theta))$ 的真实显示机制,见图 4-4,其中行代表卖方的可能类型,列代表买方的可能类型。矩阵中的每一格都列出了一个对应于买方和卖方报告状态的支付和交易量。

	买方的策略	
	$\underline{\theta}$	$\bar{\theta}$
卖方的策略 $\underline{\theta}$	$(\underline{t}^*,\underline{q}^*)$	$(0,0)$
$\bar{\theta}$	$(0,0)$	$(\bar{t}^*,\bar{q}^*)$

图 4-4 最优配置的纳什均衡实施

例如,当买方和卖方都向法庭报告 $\underline{\theta}$ 发生时,契约 $(\underline{t}^*,\underline{q}^*)$ 被执行,此时买方得到的净剩余为 $S(\underline{q}^*)-\underline{t}^*$,而若真实的状态为 $\underline{\theta}$,则卖方得到 $\underline{t}^*-\underline{\theta}\underline{q}^*$。如果双方的报告不一致,则执行的是无交易结果,此时产出为 0,转移支付亦为 0。

必须注意的是,不管真实状态 θ 如何,买方和卖方所进行的必须是同一个对策形式。事实上,由于状态是不可验证的,则每一种转移和产出的确定不可能直接依赖于状态,这个机制的目的是确保在每一个状态 θ 下存在一个说真话的纳什均衡,使得它实施最优的配置 $a^*(\theta)=(t^*(\theta),q^*(\theta))$。

命题 4.7:

假设买方的效用为 $V=S(q)-t$,卖方的效用为 $U=t-\theta q$,则最优的配置规则是可以纳什均衡实施的。

证明:首先来验证说真话是直接显示机制 $g(\cdot)$ 的一个纳什均衡。先考虑 $g(\cdot)$ 的状态 $\underline{\theta}$。给定卖方报告 $\underline{\theta}$,买方如果说真话,他的效用为 $S(\underline{q}^*)-\underline{t}^*=S(\underline{q}^*)-\underline{\theta}\underline{q}^*$,而如果说谎则他的效用为 0。由假设,在 $\underline{\theta}$ 发生时,交易是有价值的,即 $S(\underline{q}^*)-\underline{\theta}\underline{q}^*>0$,则说真话是买方的最优反应。而由于 $\underline{t}^*-\underline{\theta}\underline{q}^*=0$,则卖方在说真话与否上是无差异的,因而将他弱偏好于说真话作为最优反应。再考虑状态 $\bar{\theta}$。给定卖方报告 $\bar{\theta}$,买方若说真话,他的效用为 $S(\bar{q}^*)-\bar{t}^*=S(\bar{q}^*)-\bar{\theta}\bar{q}^*$,而若说假话,则他的效用为 0。由假设,在 $\bar{\theta}$ 发生时,交易仍是

有价值的,即 $S(\bar{q}^*)-\bar{\theta}\bar{q}^*>0$,则说真话是买方的最优反应。类似地,当买方说真话时,由于 $\bar{t}^*-\bar{\theta}\bar{q}^*=0$,因而卖方在是否说真话上是无差异的,因而他弱偏好于说真话。这表明说真话是机制 $g(\cdot)$ 的一个纳什均衡。

必须指出的是,当 $\underline{\theta}$ 发生时,说真话策略不是唯一的纳什均衡,事实上,$(\bar{\theta},\bar{\theta})$ 是另一个纳什均衡。卖方从谎报中得到严格正的收益——如果买方也这样做,这是因为 $\bar{t}^*-\underline{\theta}\bar{q}^*=\Delta\theta\bar{q}^*>0$。同样,买方也会从谎报中受益——如果卖方也这样做,因为他的收益 $S(\bar{q}^*)-\bar{t}^*>0$。

对于上述多重均衡问题必须认真对待,并且必须努力寻找一种新的市场机制,确保最优的配置是唯一可实施的,而这也正是本书研究的一个核心问题。在第 5 章将详细讨论信息不对称使移动运营商成为移动支付市场的机制设计者,以及将介绍移动运营商作为中介参与的间接交易的市场机制。

第5章 信息不对称使移动运营商成为市场机制设计者

本章介绍了移动支付市场既包括实物交易,也包括电子商务,也就是探讨在移动支付市场中的移动运营商在信息不对称条件下的市场微观结构问题。消费者对其支付意愿拥有私人的信息,供应商对其机会成本也拥有私人的信息,这导致信息的不对称,使消费者和供应商之间的交换过程以及供应商的生产决策复杂化。正是信息的不完全才使移动运营商扮演了交换机制设计者的角色,在这种机制下,买方和卖方才能够实现信息的显示机制(即表露双方自己真实的私人信息的激励相容机制)。

本章安排如下。5.1节介绍了作为移动支付市场的机制设计者,移动运营商能够拥有专业化的优势。5.1节借鉴了迈尔森和萨特思韦特(Myerson and Satterthwaite, 1983)发展起来的基本的中介化讨价还价模型。在这个模型中,中介为准备交换一个商品的买者和卖者设计了一个交换机制。根据信息显示原理,直接交换的机制可以代表信息不对称下的讨价还价结果。① 5.2节分析了在存在逆向选择的柠檬市场中,移动运营商成为专家负责评价和鉴定产品质量的市场机制的设计者。5.2节主要借鉴比格莱斯(Biglaiser, 1993)的相关证明,向一个存在逆向选择机制的市场引入一个垄断的中介,可以增进市场效率。5.3节分析了经由移动运营商的移动支付机制。5.4节分析了当移动支付交易参与者人数不多时,使用讨价还价的市场定价机制;而当移动支付交易参与者人数较多时,采用明码标价的市场定价机制。5.5节分析了移动支付市场中交易水平的扭曲是因为移动运营商要对买卖双方在信息不对称时显示其需求和成本信息付费。5.6节分析了移动运营商既可以使用价格,也可以使用数量来出清移动支付市场。5.7节分析了移动运营商的定价机制:采取两段费率资费的经济学分析。

5.1 作为市场机制设计者,移动运营商能够拥有专业化的优势

与买卖双方一样,作为移动支付市场中的中介的移动运营商也会遇到信息不对称的问题。他们并不知道消费者的支付意愿或供应商的机会成本。但是,与市场的参与者相比,移动运营商拥有许多潜在的优势。作为移动支付市场机制的设计者,移动运营商能够拥有专业化的优势。一是,移动运营商因为要与许多买者和卖者打交道,所以他们能够获得更多的信息。二是,由于移动运营商不像直接交换那样要受到隐含的预算平衡约束,所以移动运营

---

① Myerson R. Incentive Compatibility and the Bargaining Problem[J]. Econometrica, 1979, 47(1):61-73.

商在机制的设计方面便有了更大的回旋余地,因为他们可以对单个的交易进行征税或补贴。

5.2 移动运营商成为市场中的产品质量担保和专家担保

逆向选择是任何市场交易和合约的常见特征,移动支付市场中的交易也不例外。买方有许多隐藏的特征,如收入、区位以及对风险的厌恶、缺乏耐性、对质量的评价,这些都会影响其支付意愿。卖方也有许多隐藏的特征,如机会成本、生产成本以及产品的质量,这些会影响供给方面的决策。要处理信息不对称的影响这会给买卖双方都带来成本。

本章给出了一组关于追求利润最大化的中介在信息不对称条件下配置产品的模型。一般来说,信息的不对称造成了扭曲,从而使产量低于瓦尔拉斯的水平。通过生产,在瓦尔拉斯均衡中应该观察到的价格水平介于买者获得的边际利益和卖者的边际成本之间。

移动支付市场的中介(即移动运营商)也要通过评价产品的性能和检测产品的质量来对付逆向选择问题。这与第4章分析的分散化的直接交换市场机制不同,作为中介的移动运营商因为要面对更大数量的买者和卖者,有动机去为检测产品和树立信誉而投资。类似地,在一个动态的框架里,移动运营商也有动机去检测产品和树立产品质量的信誉。

移动运营商就是移动支付市场中交易的中介,而考查中介作为专家的作用,正如阿克劳夫(Akerlof,1970)关于柠檬市场的著名模型所表明的那样,产品质量的信息不对称可以阻碍双边交易。经典的逆向选择问题是阿克劳夫的柠檬市场问题,在这个市场上,供应商知道产品的质量,但买方不知道。低质量产品的卖者往往夸大其产品的质量。阿克劳夫证明,假如消费者获得的产品质量的信息少于供应商,那么产品市场就可能无法存在。在均衡时,低质量的旧车就会驱逐高质量的旧车,因为消费者对不了解质量的旧车只愿意支付一个平均价,也只有那些低质量的旧车才肯以这个价格交易。既然产品的质量是无法观察的,那么,由中介来集中鉴定质量显然是有利可图的。因为丧失了很多交换的利益,所以投资于鉴定产品质量的设备和专家就会有经济的回报。投资于鉴定产品质量的技术并从事对产品质量的鉴定,中介可以为市场提供有用的信息。

比格莱斯在这时引进了一个中介,他扮演着专家的角色,由他来决定产品的质量。比格莱斯证明,向一个存在逆向选择机制的市场引入一个垄断的中介可以增进效率。他的分析意味着,中介比单个人有更大的动机投资于对质量的监督,因为中介购买了更多的产品。另外,由于中介希望建立更高的信誉,所以他会有动机准确地报告产品的质量。比格莱斯的模型有3类当事人:买者、供应商和中介。一旦两个当事人相遇,他们会就交换条件讨价还价。中介没有动机去出售低质量的产品,因为他希望获得信誉的回报。所有的高质量产品都是经由中介卖出的,而大多数低质量的产品则通过直接交换卖给了消费者,从而存在着两个分离的均衡。中介有动机致力于技能的获得来检测产品的质量,因为他比个人买者要买进更多的东西。另外,中介会比供应商有更大的动机来准确地报告产品的质量。因此,中介成了专家,从检测产品的质量和信誉中获取丰厚的回报。在本节,将运用比格莱斯的主要结论去分析中国移动支付市场中的中介(即移动运营商)的运行机制,而不去复述其模型的细节。

目前的移动支付市场上有3类当事人:买者、卖者和垄断的中介(即移动运营商)。假定所有的当事人都有无限的生命,贴现因子为 $\delta = e^{-r}$,式中 r 为贴现率。每个卖者初始时都有一个单位的物品,物品有两种质量水平,要么高,要么低。卖者知道物品的质量,但买者无法观察到物品的质量。移动运营商因为是专家而能够鉴别产品的质量,移动运营商成为专家的一次性成本为 K。为了讨论的方便,将移动运营商遇到买者或卖者的成本以及他作为中介检测产品的成本正规化为1。但移动运营商在检测产品中的确会招致成本,因为检测将产品的销售延误了一个时期。

拥有产品的买者或卖者获得的回报等于产品在未来每年时期的价值。买者对低质量产品的估价为 v_L,对高质量产品的估价为 $v_H(0<v_L<v_H)$。卖者对低质量产品的估价为零,对高质量产品的估价为 $u_H(u_H<v_H)$。这意味着,不管产品的质量如何,买卖之间的交换总是有利的。

在每个时期,对进入市场的买者和卖者都有一个度量 i。在卖者当中,比重为 λ 的卖者拥有高质量的产品,而比重为 $1-\lambda$ 的卖者拥有低质量的产品。现在将分析局限在稳态均衡方面,即进入和离开市场的当事人人数是相等的。另外,给定了别人的策略之后,每个人的策略都能使自己的效用最大化,而且同一类型的所有人都使用相同的策略。

参考阿克劳夫的做法,假定买者对产品平均质量的评价小于高质量产品卖者的评价

$$(1-\lambda)v_L + \lambda v_H < u_H \tag{5.1}$$

这个柠檬市场的条件式(5.1)表明,假如所有产品的价格都相同,那么高质量产品就不可能出现在市场上。要注意的是,这个条件意味着 $v_L<v_H$。所以,如果低质量产品的比重比较高,则该条件就更可能成立了。

首先考虑没有移动运营商参与的直接交易的移动支付市场。假设买者和卖者随机相遇并就价格进行讨价还价。现在不对这个讨价还价博弈作出说明。但是,如果买者认为卖者拥有的是低质量的产品,并且这个判断是准确的,那么买者和卖者就会很快达成协议。买者和低质量产品的卖者以价格 p 成交。不然,讨价还价会受到信息不对称的干扰。卖者可以发出信号,暗示他手中的产品是高质量的产品,等待出售。在这些假定条件下,可能出现两个结果:市场上只有低质量的产品,或者市场上既有低质量的产品,也有高质量的产品。

假定两种产品都在市场上交换,那么低质量产品的价格最高可能为多少?这个价格至少应该使得低质量产品的卖者没有动机延误交易和以次充好。为了决定以次充好的价格,令 t 为与高质量产品的卖者进行交换的延误时间。假设高质量产品的卖者得到了使他继续存留市场的最低价格 u_H,而当且仅当价格 p 小于或等于高质量产品的卖者所获得的价格的贴现值 $\delta^t u_H$ 时,低质量产品的卖者就会实话实说。所以,只要

$$p = \delta^t u_H \tag{5.2}$$

激励兼容的条件就严格成立。

再一次假定高质量产品的卖者得到了 u_H,但延误了时间 t,对低质量产品所能支付的最高价格(并且这个价格仍然能吸引买者不退出市场)将使买者的期望净利益等于零

$$(1-\lambda)(v_L - p) + \lambda \delta^t (v_H - u_H) = 0 \tag{5.3}$$

解出式(5.2)和式(5.3)会得到一个上限,它是低质量产品所付价格的上限,也是延误高质量产品的交换时间的上限,延误交换时间才能使得高、低质量的产品同在一个市场上。均衡的延误时间 t 可以从下式解出

$$\delta^t = \frac{(1-\lambda)v_L}{u_H - \lambda v_H} \tag{5.4}$$

从柠檬市场的条件式(5.1)可以知道，δ 介于 0 和 1 之间，而且 $p=\delta^t u_H < u_H$。

假如低质量的产品驱逐了高质量的产品，即假如低质量的产品的卖者进入了市场，那么社会的福利将为

$$W_L = \frac{1}{1-\delta}[(1-\lambda)v_L + \lambda u_H] \tag{5.5}$$

假如两类卖者都进入了市场，那么社会的福利为

$$W_H = \frac{1}{1-\delta}\{(1-\lambda)v_L + \lambda[\delta^t(v_H - u_H) + u_H]\} \tag{5.6}$$

高质量的产品在市场上也许没有一个均衡。

现在拿一个市场结果与移动运营商作为中介参与的间接交易进行比较。假定移动运营商的谈判能力不比买者大，移动运营商可以提供产品质量的担保。假设移动运营商过去是否兑现了其担保承诺是有目共睹的。也假设另一个移动运营商总是可以进入市场并取代现有的中介。尽管担保是不履行的，但承诺是可信的，因为移动运营商关心的是不兑现担保承诺的信誉后果。

假设一个买者和一个低质量卖者进行交易的期望时间与移动运营商是否在市场上是相同的。他们交换的价格可能不同，这取决于市场上有没有中介。①

比格莱斯构造了一个具有下列特征的市场均衡。市场是分割的，所有高质量产品的卖者都借助于中介来出售产品，而大多数低质量产品的卖者直接向买者出售产品。低质量产品的卖者不必通过中介，这是因为他们关于自己的产品是低质量的说法是相信的。中介为产品能够获得足够高的支付额，所以他会精确地估计他所出售的产品的质量。

因此，移动运营商作为中介参与移动支付的利润为

$$\Pi = \frac{1}{1-\delta}\lambda(\delta p_H - \omega_H) - K \tag{5.7}$$

式中，p_H 为高质量产品的要价；ω_H 是高质量产品的出价。只要 δ 充分接近 1，移动运营商的利润就为正。在这个存在中介的市场均衡中，社会福利为

$$W^* = \frac{1}{1-\delta}[(1-\lambda)v_L + \lambda\delta v_H] - K \tag{5.8}$$

由于检测产品质量所造成的延误，高质量的产品价值会有所折扣。

比较以下中介化的间接市场交换与分散的直接交换的福利水平。在这里考虑只有低质量产品的卖者进入市场的情况下，有中介的间接市场与分散化的直接市场之间的福利差别。这个福利差别为

$$W^* - W_L = \frac{1}{1-\delta}\lambda(\delta v_H - u_H) - K \tag{5.9}$$

在两类卖者进行分散化的直接市场情况下，有中介的间接市场与分散化的直接市场之间的福利差别为

$$W^* - W_H = \frac{1}{(1-\delta)}\lambda[\delta v_H - \delta^t(v_H - u_H) - u_H] - K \tag{5.10}$$

式(5.9)和式(5.10)说明，无论哪种情况，随着 δ 接近 1，有中介的间接市场的福利水平更高

---

① 比格莱斯也假定，在与低质量产品的卖者讨价还价时，买者和低质量产品的卖者双方会接受这样一个价格，它使得买者觉得是从低质量产品的卖者处购买还是从中间层那里购买是无所谓的。

一些。原因是,交换高质量产品的贴现价值 $v_H - u_H$ 大于移动运营商作为专家进入市场前的启动成本。

交换高质量产品的利益越大,中介介入的价值就越高。而且,低质量产品的比重越大,柠檬市场的条件就越可能被满足,从而专家就越可能进入市场。只要贴现率相对比较低,或者专家的启动成本相对比较低,中介就会有利可图,而且由中介认证产品质量的福利就会增加。

上述分析表明,在卖方直接销售和由移动运营商作为中介认证其产品质量的间接交易的市场上,经过运营商交易的产品会有更高的平均价格和更高的平均质量。因此,在逆向选择的市场上,移动运营商作为专家的深层次的原因是,在模型中,买方可以选择是直接从卖方那里购买还是通过移动运营商间接购买的激励相容的市场机制。

在一个动态的框架里,比格莱斯和弗里德曼(Biglaiser and Friedman,1997)将中介设定为卖方的产品质量的担保人。由于中介要和两个以上的卖方打交道,所以他们出售低质量产品的动机便与单个的卖方有所不同。出售低质量产品的中介会丧失信誉,从而失去其他所有产品的客户。比格莱斯和弗里德曼描述了一个竞争性市场的长期均衡,在这个市场上,中介的存在降低了维持高质量产品生产的最低价格。

比格莱斯和弗里德曼(1997)将逆向选择的分析进一步用来考虑移动运营商之间的自由进入移动支付市场的竞争。比格莱斯和弗里德曼发现,分散化的直接交易不会产生一个最优的配置,他们给出了中介化的交换达到最优均衡的条件。中介具有无限的时间眼界,不像大多数买者和卖者那样仅仅关注一个时期。这就给移动运营商作为中介提供了总结经验教训、为专门技能而投资以及维持诚实信誉的激励。相对于目光短浅的买者和卖者之间的分散的直接交易来说,通过这些活动,移动运营商的参与会使移动支付市场中逆向选择问题变得不太严重。移动运营商作为中介通过向买者购买高质量的产品来披露他们的评价,而让卖者通过获得高质量的产品的贴水来披露产品质量的信息。

5.3 移动运营商作为中介的市场的显示机制

为了处理信息不对称条件下的基本交换,首先来考虑迈尔森和萨特思韦特(Myerson and Satterthwaite,1983)发展起来的基本的中介化讨价还价模型。在这个模型中,中介为准备交换一个物品的买者和卖者设计了一个交换机制。根据信息显示原理,直接交换机制可以代表信息不对称下的讨价还价结果。[①] 只要买卖双方显示了各自的私人信息,直接交换机制就决定着交易的支付和可能性。它也包含了所谓的"双向拍卖",即只要买者的出价高于卖者的要价,物品就会以买卖价格的某个平均数成交。

中介的出现会改变讨价还价的过程,因为设计一个利润最大化的机制可以对交易进行征税。中介的机制造成了买者支付额与卖者收入额之间的差额。与直接的讨价还价一样,存在信息不对称的问题,即使买卖者可以有动机地表露其私人信息,所以必须用信息租金来补偿他们,并使他们表露其信息。如果交换的利益不足以抵冲这些成本,那么即使是中介化

---

① Myerson R. Incentive Compatibility and the Bargaining Problem[J]. Econometrica,1979,47(1):61-73.

的交易也无法产生。

在不对称信息条件下买者和卖者借助于中介进行交易。利润最大化的中介为买者和卖者设计了一个交换的机制。我们要研究交换机制的效率和其他一些特征。对于交换一个产品的简单交易来说，可以说该机制是有事后效率的，因为只要交易有利益，它总会发生。换句话说，只要买方的评价大于或等于卖方的机会成本，交易就会发生。

迈尔森和萨特思韦特（1983）描述了双边交易的一组有效的机制。他们吸收了维克里（Vickrey，1961）的思想。维克里认为，要设计一个满足下列3个条件的机制是不可能的，这3个条件是：①显示供给和需求的信息是每个人的主导策略；②不需要补贴；③物品的配置在事后是有帕累托效率的。达斯普雷蒙特和杰勒德-瓦尔特（D'Aspremont and Gerard-Varet，1979）证明，贝叶斯-纳什（Bayes-Nash）机制可以在没有补贴的情况下实现有效率的配置。作为分析的一部分，迈尔森和萨特思韦特考查了有中介的交易，该中介可以选择交易的机制，但不能占有所交易的物品。他们发现，如果追求福利最大化的中介要补贴交易，那么一种个人理性的机制是可以实现事后效率的。

中介可以对买卖双方的交换进行征税或补贴，所以买方的支付额不必等于卖方的收入额。追求利润最大化的中介可以通过确定一个出价和一个要价的差来对交换进行征税。下面介绍迈尔森和萨特思韦特的那个追求利润最大化的中介模型。

在移动支付市场中，买方和卖方都拥有私人信息。买方的支付意愿 v 在 $[v_0,v_1]$ 区间内取值，其累积分布函数 F 和密度函数 f 在区间内连续并为正。卖方的机会成本 c 在 $[c_0,c_1]$ 区间内取值，其累积分布函数 G 和密度函数 g 在区间内连续并为正。将买方的虚拟评价和卖方的虚拟成本定义如下

$$J(v) \equiv v - \frac{1-F(v)}{f(v)}$$

$$H(v) \equiv c + \frac{G(c)}{g(c)}$$

假定 $J(v)$ 和 $H(v)$ 均为单调函数。①

根据显示原理，只考虑激励相容的直接机制就足够了，不会失去一般性。一种直接的机制是指，买者和卖者向作为中介的移动运营商报告各自的评价，移动运营商然后决定买者的支付额和卖者的收入额以及决定是否转手物品。令 (β,a,b) 代表直接的机制，(β,v) 为转手的概率，$a(v,c)$ 为买者支付给移动运营商的期望金额，而 $b(v,c)$ 为移动运营商付给卖者的期望金额。期望金额反映了商品转手的概率。

令 $E_i(i=v,c)$ 分别为 F 和 G 的预期算子。这样一来，用边际密度来表示，机制就可以定义成

$$\beta_1(v) \equiv E_c\beta(v,c)$$
$$\beta_2(c) \equiv E_v\beta(v,c)$$
$$a_1(v) \equiv E_c a(v,c)$$
$$a_2(c) \equiv E_v a(v,c)$$
$$b_1(v) \equiv E_c b(v,c)$$
$$b_2(c) \equiv E_v b(v,c)$$

---

① 这样的分析也适用于这些函数是非单调函数的情况。

现在可以将买方和卖方来自交换的期望净利益定义成

$$U(v) \equiv v\beta_1(v) - a_1(v) \tag{5.11}$$

$$W(c) \equiv b_2(c) - c\beta_2(c) \tag{5.12}$$

无论什么类型,假如买卖双方都把讲真话视为最优的策略,那么该机制就可以说成是激励相容的

$$U(v) \geqslant v\beta_1(v') - a_1(v')(对于[v_0,v_1]中任意的 v、v') \tag{5.13}$$

$$W(c) \geqslant b_1(c') - c\beta_2(c')(对于[c_0,c_1]中任意的 c、c') \tag{5.14}$$

无论什么类型,如果买卖双方都可以获得交换的利益,那么该机制就是个人理性的

$$U(v) \geqslant 0(对于[v_0,v_1]中任意的 v) \tag{5.15}$$

$$W(c) \geqslant 0(对于[c_0,c_1]中任意的 c) \tag{5.16}$$

移动运营商选择市场机制(β,a,b)并在激励相容和个人理性的约束下使利润最大化。移动运营商与买卖双方就机制进行沟通。买方和卖方选择参与这个交换的机制,并且他们分别将其类型与中介进行沟通。然后,移动运营商通过实现这个机制来决定交换的可能性和支付的期望金额的大小。以式(5.13)至式(5.16)为约束条件,移动运营商选择市场机制(β,a,b)以使下列定义的利润最大化

$$\Pi = E_v E_c[a(v,c) - b(v,c)] \tag{5.17}$$

移动运营商的期望利润是买者支付额和卖者收入额之间的差。为了解出中介的问题,先描述一下激励相容和个人理性机制的特征是有益的。

给定了机制的激励相容和个人理性的性质,可以推出,在支付意愿上$\beta(v)$是非递减的,而在机会成本上$\beta(c)$是非递增的。要知道为什么如此就要注意到,激励相容意味着对所有的$v、v'$,得出

$$(v-v')\beta_1(v) \geqslant U(v) - U(v') \geqslant (v-v')\beta_1(v') \tag{5.18}$$

很显然,对于$v > v'$,可以得出

$$\beta_1(v) \geqslant \beta_1(v')$$

从而函数在支付意愿上是非递减的。同理可以证明,交易的期望边际概率$\beta_2(c)$在机会成本上是非递增的。

现在,用$v-v'$除以式(5.18)的各项,并考虑一下v'接近v的极限,可以将买方支付意愿对买方净收益的边际效应写成

$$U'(v) = \beta_1(v) \tag{5.19}$$

积分后得

$$U(v) = U(v_0) + \int_{v_0}^{v} \beta_1(t) dt \tag{5.20}$$

式(5.20)右端的第二项表示买方的信息租金。同样,对于卖者,卖者的机会成本对其净收益的效应为

$$W'(c) = -\beta_2(c) \tag{5.21}$$

积分后得

$$W(c) = W(c_1) + \int_{c}^{c_1} \beta_2(t) dt \tag{5.22}$$

式(5.22)右端第二项为卖方的信息租金。

买方和卖方所获净收益的这些形式说明了收益的大小依赖于交换的概率。这些净收益的函数对描述中介的利润函数是有帮助的。为得到 υ 和 c 的期望值，对式(5.20)和式(5.22)进行局部积分，并利用虚拟支付意愿和虚拟机会成本的定义，可以得到

$$E_\upsilon U(\upsilon) = U(\upsilon_0) + E_\upsilon \beta_1(\upsilon)(\upsilon - J(\upsilon)) \tag{5.23}$$

$$E_c W(c) = W(c_1) + E_c \beta_2(c)(H(c) - c) \tag{5.24}$$

式(5.23)和式(5.24)右端的第二项代表买方和卖方的期望信息租金。

根据买方和卖方交换的净收益的定义，买方的期望支付额和卖方的期望收入额为

$$E_\upsilon E_c a(\upsilon, c) = E_\upsilon \upsilon \beta_1(\upsilon) - E_\upsilon U(\upsilon) \tag{5.25}$$

$$E_\upsilon E_c b(\upsilon, c) = E_\upsilon W(c) + E_\upsilon c \beta(c) \tag{5.26}$$

用式(5.23)至式(5.26)简化中介的利润函数为式(5.27)，得出

$$\Pi = E_\upsilon E_c \beta(\upsilon, c)(J(\upsilon)) - U(\upsilon_0) - W(c_1) \tag{5.27}$$

因此，只要有激励相容和个人理性的假定条件，就可以推出 $\beta_1(\upsilon)$ 是非递减的，$\beta_2(c)$ 是非递增的，以及利润函数具有式(5.27)所给出的形式。我们可以证明，激励相容和个人理性也是必要条件。[①]

5.4 移动运营商采取讨价还价的市场定价机制的市场条件

有了移动运营商作为中介利润函数的简单形式，就容易找到利润最大化的机制。要使移动运营商的利润最大化，可以将买方的支付额至少提高到使支付意愿最低的买方没有任何剩余为止，也可以将卖方的收入额至少降低到机会成本最高的卖方没有剩余为止

$$U(\upsilon_0) = W(c_1) = 0$$

这意味着，移动运营商的利润为交换的概率与买方的虚拟支付意愿和卖方的虚拟机会成本之差的乘积的期望值

$$\Pi = E_\upsilon E_c \beta(\upsilon, c)(J(\upsilon) - H(c))$$

$J(\upsilon)$ 和 $H(c)$ 的差额以及交换的实际收益 $\upsilon - c$ 是扭曲的，因为要让买卖双方表露其真实的类型，需要用信息租金来补偿他们。

移动运营商选择利润最大化的交换概率。当 $J(\upsilon) \leqslant H(c)$ 时，可以令 $\beta(\upsilon, c) = 1$ 来使利润最大化，就是说，要将商品从卖者换手到买者。当 $J(\upsilon) < H(c)$ 时，交换的收益不足以补偿对信息租金的开支。在这种情况下，可以实现利润的最大化，也就是商品不换手。

一个简单的例子可以说明这个最优化机制。假设 υ 和 c 在单位区间内是均匀分布的。然后，给定了利润最大化的机制，来自交换的收益足以使物品换手的充要条件是

$$\upsilon - c \geqslant \frac{1}{2}$$

支付意愿小于 $\frac{1}{2}$ 的买者和机会成本大于 $\frac{1}{2}$ 的卖者都是不积极的。$\upsilon \geqslant \frac{1}{2}$ 的买者类型的效

---

① 在个人理性的约束下，并且 $\beta_1(\upsilon)$ 为非递减的，而 $\beta_2(c)$ 为非递增的，中间商选择 β 使式(5.27)中的利润 Π 最大化。我们可以证明，这个从不受约束的利润最大化中推导出来的机制满足激励相容的约束条件。令 $U(\upsilon_0) = W(c_1) = 0$ 则满足个人的理性条件。

用为

$$U(v) = \frac{\left(v - \frac{1}{2}\right)^2}{2}$$

$c \leqslant \frac{1}{2}$ 的卖者类型的效用为

$$W(c) = \frac{\left(\frac{1}{2} - c\right)^2}{2}$$

期望支付额为 $a_1(v) = \frac{v^2}{2} - \frac{1}{8}$ 和 $b_2(c) = \frac{1}{8} - \frac{c^2}{2}$。交换的期望概率为 $E_v E_c \beta(v,c) = \frac{1}{8}$。移动运营商的利润为 $\Pi = \frac{1}{24}$。

假如移动运营商标出利润最大化的出价和要价,该结果可以与移动运营商的利润最大化机制进行比较。交换发生的充要条件是买者同意要价 p,而卖者同意出价 w。与该过程相对应的市场机制是

$$\beta(v,c) = 1 \quad (当且仅当 v \geqslant p \text{ 和 } w \geqslant c)$$

否则 $\beta(v,c) = 0$。用这个市场机制时,卖方的利润就等于价格的差乘以买者愿意交换的概率和卖者也愿意交换的概率

$$\Pi(p,w) = (p-w)(1-p)w$$

利润最大化的价格为 $p = \frac{2}{3}$ 和 $w = \frac{1}{3}$,交换的概率为 $\frac{1}{9}$,而中介的利润为 $\Pi = \frac{1}{27}$。

本节的分析表明,面对少量的买者和卖者,作为中介的移动运营商要运用讨价还价和其他的复杂分配程序。而面对为数较多的买者和卖者,作为中介的移动运营商可以使用标准的非线性定价或线性的统一价格,这样做不会有效率上的显著损失。目前,中国移动支付市场中采取讨价还价的市场机制的交易非常罕见。

5.5 移动支付市场中交易量的扭曲

这里考虑一个由中介参与的一个买方和一个卖方缔结间接交易的合约。中介设计一个机制来诱导买方表露其支付意愿的参数,诱导卖方表露其成本的参数。这个机制决定着生产的水平、买方向中介的支付额以及中介向卖方的支付额。这个模型将迈尔森和萨特思韦特的垄断中介模型一般化了。该模型参考了斯普尔伯(Spulber,1988)对机制设计的分析。中介不能持有商品的存货。因为中介的机制决定着卖方要生产的数量,所以,就规范分析来讲,究竟中介是一个仅仅从事转卖的中间人,还是一个先购买物品然后再转卖的人都无所谓了。

在移动支付市场中买方从产出 q 中的收益为 $B(q,v)$,式中 v 是偏好参数。假定 $B(q,v)$ 是随 q 递增的并且是凹的,也是随 v 递增的,而边际收益 B_1 随 v 也是递增的。卖方具有的成本为 $C(q,c)$,式中 c 是成本参数。假设 $C(q,c)$ 是随 q 递增的并且是凸的,也是随 c 递增的,而边际成本 C_1 也是随 c 递增的。

参数 v 和 c 分别是买方和卖方的私人信息。偏好参数 v 分布在区间 $[v_0,v_1]$ 内，累积分布函数为 F，密度函数为 f。卖方的成本参数 c 分布在区间 $[c_0,c_1]$ 内，累积分布函数为 G，密度函数为 g。

令 (q,a,b) 代表移动运营商的机制，$q(v,c)$ 为卖方要生产的数量，$a(v,c)$ 为买方向移动运营商的支付额，$b(v,c)$ 为移动运营商向卖方的支付额。将 E_c 和 E_v 定义为期望算子。$a_1(v)$、$a_2(c)$、$b_1(v)$ 和 $b_2(c)$ 4 项的定义如上。买方和卖方来自交换的期望净收益为

$$U(v) = E_c B(q,v) - a_1(v) \tag{5.28}$$

$$W(c) = b_2(c) - E_v C(q,c) \tag{5.29}$$

在激励相容和个人理性的约束下，中介选择机制 (q,a,b) 使利润最大化。中介的利润与单个物品的情况是一样的

$$\Pi = E_v E_c [a(v,c) - b(v,c)] \tag{5.30}$$

使用类似的激励相容的理由，买方和卖方的边际评价函数可以写成

$$U'(v) = E_c B_2(q,v) \tag{5.31}$$

$$W'(c) = -E_v C_2(q,v) \tag{5.32}$$

对买方和卖方的边际评价函数进行积分，评价函数就变成

$$U(v) = U(v_0) + \int_{v_0}^{v} E_c B_2(q(t,c),t) \mathrm{d}t \tag{5.33}$$

$$W(c) = W(c_1) + \int_{c}^{c_1} E_v C_2(q(v,t),t) \mathrm{d}t \tag{5.34}$$

对评价函数取期望值并进行局部积分，可以得到下列的表达式

$$E_v U(v) = U(v_0) + E_v E_c \{B_2(q,v)[v-J(v)]\} \tag{5.35}$$

$$E_v W(c) = W(c_1) + E_v E_c \{C_2(q,v)[H(c)-c]\} \tag{5.36}$$

垄断的移动运营商作为中介将提高 a 而降低 b，使得最低评价的买方 v_0 和最高成本的卖方 c_1 没有剩余可言

$$U(v_0) = W(c_1) = 0 \tag{5.37}$$

为了将式(5.30)中的利润处理为产出的函数，用式(5.28)、式(5.29)、式(5.35)和式(5.36)重写移动运营商作为中介的利润函数

$$\Pi = E_v E_c [B(q,v) - B_2(q,v)(v-J(c)) - C(q,c) - C_2(q,c)(H(c)-c)] \tag{5.38}$$

移动运营商在激励相容和个人理性的约束下使利润最大化。可以证明，这要求 $q_1(v)$ 是非递减的，$q_2(c)$ 是非递增的，并且 $U(v_0) \geq 0$，$W(c_1) \geq 0$。

在每个 v 和 c 上 $q > 0$，移动运营商的无约束最优化问题的一阶条件为

$$B_1(q,v) - B_{12}(q,v)(v,J(c)) - C_1(q,c) - C_{12}(q,c)(H(c)-c) = 0 \tag{5.39}$$

可以证明，从式(5.39)解出的机制 $q(v,c)$ 满足激励相容和个人理性的条件。在利润最大化的产出水平上，消费者的边际收益大于供应商的边际成本：$B_1(q,c) > C_1(q,c)$。对于每组 (v,c)，其产出小于瓦尔拉斯的水平(参见图 5-1)。基于图 5-1，我们发现，这个问题的解与垄断中介的完全信息的定价问题相似。

为了执行最优化的市场机制，移动运营商需要买卖双方的信息以计算均衡的产出。现在用一个例子来描述这个解。令 v 和 c 为单位区间的均匀分布。令买方的收益和卖方的成

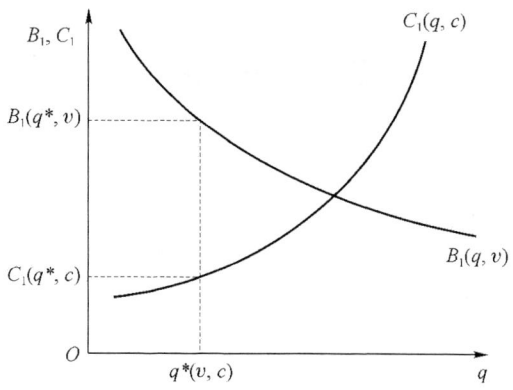

图 5-1 对买方和卖方之间的中介化交易设计的利润最大化机制

本具有各自的形式

$$B(q,v)=vq-\frac{q^2}{2}$$

$$C(q,c)=cq+\frac{q^2}{2}$$

这样,假如 $v-c-\frac{1}{2}\geqslant 0$,则最优化的机制就为

$$q(v,c)=v-c-\frac{1}{2}$$

否则,$q(v,c)=0$。偏好参数 $v<\frac{1}{2}$ 的买方和成本参数 $c>\frac{1}{2}$ 的卖方在均衡中都是不参与的。现在可以将这个结果与单个物品的例子进行比较,对于后者,物品当且仅当 $v-c-\frac{1}{2}\geqslant 0$ 时才能交换出去。

与瓦尔拉斯的产出水平进行比较,得出 $q^W(v,c)=\frac{v-c}{2}$。很明显,如图 5-1 所示,$q(v,c)<q^W(v,c)$,买方的边际收益与卖方的边际成本处于瓦尔拉斯的价格 $p^W=\frac{v+c}{2}$ 的两边

$$B_1(q,v)>p^W>C_1(q,c)$$

同时注意到,由于信息不对称,只要 $v-c<\frac{1}{2}$,交易就无法进行,而只要交易有利可图,即 $v>c$,瓦尔拉斯的产出就为正。

在一种商品的交换中,信息的不对称可以导致交易破裂,哪怕由移动运营商做中介。在生产和交换多个产品的移动支付市场中,信息的不对称将使交易量减少到瓦尔拉斯水平以下。如垄断的中介使用线性定价一样,边际的买方收益会超过边际的卖方成本,但扭曲的根源不同。

在现有的框架内,从定价策略来说,移动运营商是不受限制的。因此,信息充分时,移动运营商可以选择价格使得买方的边际收益等于卖方的边际成本。这可以使交换的利益最大化,而移动运营商可以利用一次总付的费用获得租金。在信息不对称时,交易量的扭曲是因为移动运营商要对买卖双方显示其需求和成本的信息支付费用。

5.6 移动运营商出清市场的机制

移动运营商既可以使用价格,也可以使用数量来出清市场。为了分析多个买者和卖者,我们扩展了生产模型。不过,这样一来,中介的问题就变得更加复杂了,因为总需求和总供给是不知道的。因此,在移动支付市场中作为中介的移动运营商还面临市场出清的问题。最优的情况是将产出分配给消费者,而生产分配给卖者,同时保持总生产和总消费的平衡。本节需要说明的是如何在信息不对称条件下推导出需求和供给函数来刻画中介的最优机制,主要是为移动运营商的市场出清问题推导出影子价格,并用影子价格来决定商品的配置。

这样就可以使移动运营商使用简单的主导策略机制(如非线性定价或固定的单价),而又不至于损失效率。因此,标准的定价机制,如数量折扣或公开标价就可以派上用场,哪怕个人的需求和供给函数是无法观察到的。

有了更多的买方和卖方,一旦不知道总的需求和供给,移动运营商将面临出清市场的困难。利润最大化的直接机制需要买方和卖方采取贝叶斯式的策略来披露其私人信息。这些机制相当复杂,而且与通常看到的定价规则不同。随着移动运营商服务的买方和卖方人数的增加,关于总需求和总供给的信息也将改善。这意味着,随着买方和卖方人数的增多,决定每个买方和卖方个人配置的主导策略机制会接近于最优化。移动运营商不仅面临买方和卖方的个人信息不完全的问题,而且在很多类型的市场上,他们也不了解需求的总量和供给的总量。总需求和总供给的信息不完全使得移动运营商向买卖双方提供中介服务以及平衡供求的问题大大复杂化了。

前面分析了移动运营商如何将商品从卖方转手到买方。现在需要考查商品如何在许多买者之间进行分配。这个分析可以一般化,将移动运营商作为中介来考虑,由他在多个卖方之间来协调购买,并在多个买方之间配置销售。

移动运营商既使用价格也使用数量来出清市场。在短期内,大多数卖方受到生产能力的制约。因为买方的偏好不同,所以利润最大化的移动运营商可能采取的定价策略是,将商品配置给评价最高的买方。但是,这个问题在买方的偏好信息出现不对称的时候会变得复杂起来。不仅不了解买方个人的偏好,移动运营商可能也没有关于总需求的信息。因此,移动运营商的定价和销售策略对其所掌握的买方的需求信息是高度敏感的。

5.6.1 移动运营商在不了解总需求信息情况下的稀缺资源配置问题

先讨论不了解总需求信息的稀缺资源问题。以后将说明,诸如数量打折之类的非线性定价对于显示个人的需求水平是有用的。但是,给定了卖方供给能力的约束和递增的边际成本,供给能力的影子价格取决于买方的需求,从而使得非线性定价不再是最优的。而且,假如买方对多种产品有需求,那么连标准的拍卖模型也无法使用。

买方的边际支付意愿为 $u(q,\mu_i)$,式中 q 为消费,而 μ 是买方 i 的需求参数。假定边际支付意愿对 q 和 μ 是两次可微的和严格递减。边际支付意愿在 q 上也是严格递减的,从而需求是向下倾斜的。边际支付意愿对 μ 是递增的且是凹的。买方对风险的绝对憎恶随 μ

非递增,从而较高的需求类型对风险的憎恶程度较低

$$\frac{\partial\left(-\dfrac{u_1}{u}\right)}{\partial u}\leqslant 0$$

移动运营商不了解总需求的信息,因为他只能观察到有限的买方类型的信息 μ_i ($i=1,\cdots,n$),这些信息是从总体分布 $F(\mu)$ 中独立抽取的。假定 $I-\dfrac{F(\mu)}{f(\mu)}$ 是非递增的。偏好参数 μ 在单位区间 $I=[0,1]$ 内取值。

假设移动运营商参与移动支付市场交易的边际成本是递增的,从而移动运营商必须在买方之间配置稀缺的资源。令 $C(Q)$ 为移动运营商参与移动支付的总成本,$c(Q)$ 为边际成本。对移动运营商来说,参与移动支付交易的一方的问题可以归结为向卖方购买投入品的问题。可以将这方面的问题暂且搁置一边来简化买方的配置问题。

根据信息的显示原理,移动运营商的配置程序可以用直接的显示机制来表示,就是说,讲真话是买方的最优策略。[①] 可以用产出和支付额的组合 $(q(\mu_i,\mu_{(i)}),p(\mu_i))$ 来表示这个机制,也就是按照买方显示的参数值将产出和支付额在买方之间进行分配。移动运营商把这个机制传递给每个买方。然后,每个买方向移动运营商报告一个参数值。最后,移动运营商根据所报告的参数值来配置交易量和交易价格。

由于参与移动支付交易的边际成本是递增的,买方 i 自己报告的参数值为 μ_i,其他买方报告的参数值为 $\mu_{(i)}$。因为对消费者偏好的表示是对称的,所以所有的买方都将面临直接的显示机制。[②] 由于不存在收入效应,可以仅仅将注意力限制在只依赖于每个买方自己报告的参数的支付额上面。

在贝叶斯-纳什的框架里,买方 i 真实的参数值为 μ_i,报告的参数值为 $\hat{\mu}_i$,买方 i 的净收益为

$$V(\mu_i,\hat{\mu}_i)=\int_{I^{n-1}}U(q(\mu_i,\mu_{(i)}),\mu_{(i)})\mathrm{d}F_{(i)}-p(\hat{\mu}_i) \tag{5.40}$$

这里 $V(\mu_i)\equiv V(\mu_i,\mu_i)$。激励相容要求买方真实表露自己的参数值,即在 $[0,1]$ 区间,对所有的 $\mu_i,\hat{\mu}_i$,我们有 $V(\mu_i)\geqslant V(\mu_i,\hat{\mu}_i)$。个人的理性要求每个买方具有来自交易的非负的利益,即 $V(\mu_i)\geqslant 0$。

移动运营商在移动支付市场是垄断者。在激励相容和个人理性的约束下,移动运营商选择一个直接的机制 (q,p) 使期望利润最大化。垄断者的期望利润由下式给出

$$\Pi(q,p)=\int_{I^n}\Big[\sum_{i=1}^n p(\mu_i)-C\Big(\sum_{i=1}^n q(\mu_i,\mu_{(i)})\Big)\Big]\mathrm{d}\widetilde{F} \tag{5.41}$$

---

① 如达斯格普塔等人(Dasgupta et al., 1980)所定义的那样,这个直接的机制包含两个阶段的沟通。在模型的第一阶段,垄断者公布这个机制,而消费者报出他们的类型。在第二阶段,垄断者报出产量的配置和支付额的大小。我们可以说明,对现在这个模型来说,用主导方式和消费者与垄断者的一团和气取代贝叶斯式的激励兼容性不会给垄断者造成损失。

② 定义 $\mu_{(i)}=(\mu_1,\cdots,\mu_{i-1},\mu_{i+1},\cdots,\mu_n)$,$F_{(i)}=(F_{(\mu_1)},\cdots,(F_{(\mu_{i-1})},F_{(\mu_{i+1})},\cdots,F_{(\mu_n)})$ 以及 $\widetilde{F}=(F_{(\mu_1)},\cdots,F_{(\mu_n)})$。对任意整数 $m(1\leqslant m\leqslant n)$,令 $I^m=[0,1]^m$。可以将这个分析一般化来考虑消费者类型的不相同分布以及非对称机制,而不改变其结论。

移动运营商的最优化问题可以用标准方法解出来。运用式(5.11)和激励相容性,可以在期望利润方程中替换掉 p 并将利润最大化,从而得到最优的产出。不是去运算这个最优化的过程,而是用熟悉的供给需求的经济学工具描述一下这个解更有意义。

假设 (q^*, p^*) 是激励相容的并且是一个能使利润最大化的个人理性的机制。这样一来,用最优的产出安排 $q^*(\mu_i, \mu_{(i)})$,可以推导出利润最大化的支付安排

$$p^*(\mu_i) = \int_{I^{n-1}} \left[U(q^*(\mu_i, \mu_{(i)}), \mu_i) - \int_0^{\mu_i} U_2(q^*(\mu, \mu_{(i)}), \mu) d\mu \right] dF_{(i)} \qquad (5.42)$$

有了对消费者偏好的假定并对式(5.42)进行局部积分,可以得到期望的支付额

$$Ep^*(\mu_i) = \int_{I^n} \int_0^{q^*(\mu_i, \mu_{(i)})} \left\{ u(q, \mu_i) - \left[\frac{1-F(\mu_i)}{f(\mu_i)}\right] u_2(q, \mu_i) \right\} d\tilde{q} dF \qquad (5.43)$$

括号里的项代表买方 i 的虚拟支付意愿。

理解最优机制如何运行的关键是引进参与移动支付的稀缺能力的影子价格。这个影子价格代表移动运营商在最优配置情况下参与移动支付的边际成本。它也是在移动运营商的买方之间配置交易量的一个向导。

令 ρ 为影子价格,它代表对产出总量的一个隐含约束。现在让买方虚拟的支付意愿等于影子价格

$$u(q_i, \mu_i) - \left[\frac{1-F(\mu_i)}{f(\mu_i)}\right] u_2(q_i, \mu_i) = \rho \qquad (5.44)$$

可以将这个信息不对称的等式比作支付意愿等于价格。最后的结果是一组取决于买方自己的类型和影子价格的产出水平 q_i。接下来,令虚拟的需求函数或等价的配置函数 D^* 代表的支付意愿等于式(5.44)中的影子价格的产出水平

$$q_i = D^*(\rho, \mu_i) \qquad (5.45)$$

给定了影子价格 ρ,函数 D^* 将产量分配给类型为 μ_i 的个人并应对一个虚拟的函数。

有了买方的虚拟需求函数,就像传统的供求分析一样,可以选择价格,使它等于移动运营商按全部虚拟需求计算的边际成本。给定了参与移动支付市场的分配规则 $q_i = D^*(\rho, \mu_i)$,可以将 $\rho^* = \rho^*(\tilde{\mu})$ 定义成均衡的影子价格。影子价格等于按总移动支付市场的交易计算的边际成本

$$\rho^* = c\left(\sum_{i=1}^n D^*(\rho^*, \mu_i)\right) \qquad (5.46)$$

这个公式清晰地表明了关于消费者需求的不对称信息,是如何影响卖方生产能力的,对于在均衡中的边际价值,要获得垄断的直接途径,可以在均衡的影子价格下,对每个买方按分配规则得到的商品数量进行求值

$$q^*(\mu_i, \mu_{(i)}) = D^*(\rho^*(\tilde{\mu}), \mu_i) \quad (i=1,\cdots,n) \qquad (5.47)$$

式(5.47)的解就是卖方利润最大化问题的机制。

因为移动运营商参与移动支付的边际成本是递增的,所以从式(5.46)可以看出,给定一个买方,较高的值 μ_i 会排挤掉分配给其他买方的产量,哪怕总移动支付交易量也是增加的,尤其是看到总移动支付交易量和价格都随 $\mu_i(i=1,\cdots,n)$ 而递增。而且移动运营商对单个买方的产量分配随其他买方参数的增加而递减。

其原因可以通过式(5.46)对 μ_j 的微分来说明

$$\frac{\partial \rho^*}{\partial \mu_i} = \frac{c' D_2^*(\rho^*, \mu_j)}{1 - c' \sum_{i=1}^{n} D_1^*(\rho^*, \mu_i)} > 0$$

这里 $c' \equiv c'\left(\sum_{i=1}^{n} D^*(\rho^*, \mu_i)\right) > 0$ 表示边际成本的斜率。因为 $D_1^* < 0$ 以及 $D_2^* > 0$，可以推出对每个 i，$\frac{\partial \rho^*}{\partial \mu_j} > 0$。

由于影子价格是随偏好参数递增的，那么从式(5.46)以及边际成本的递增可知，总产出也随之递增。提高偏好的效应等价于虚拟需求曲线的外向移动。进一步而言，由于产量的分配规则，$D^*(\rho^*, \mu_i)$ 随影子价格递减，所以任何单个买方的交易量分配必然随其他买方偏好参数而递减。提高买方的偏好参数而带来的消费者的交易量的增加量大于分配给其他买方的总交易量的减少量。

移动支付交易量的分配机制很容易一般化到SP(服务提供商)和用户之间的市场中介。如上所述，移动运营商向用户提供一个直接的机制 $(q(\mu_i, \mu_{(i)}), p(\mu_i))$，这个机制是根据移动用户显示的偏好来分配商品和制订价格的。假设SP由边际成本函数 $c(x, \theta_j)$ 来刻画，式中 x 是产量，θ_j 是SP j 的成本参数。移动运营商从SP那里购买 x，支付 ω，并向SP提供直接的机制 $(x(\theta_j, \theta_{(j)}), \omega(\theta_j))$。移动运营商要平衡总的购买量和销售额，使用影子价格的要价和出价来设计这个机制。

5.6.2 移动运营商在完全信息下出清市场的机制

在信息不对称的条件下，作为垄断者的移动运营商无法占有全部的消费者剩余，从而导致了所谓的二级价格歧视。相反，如果信息是完全的，移动运营商是能够实行一级价格歧视的。完全信息的价格其实为描述不对称信息的情况提供了有益的参照系。

为了描述充分信息的参数系，令 $q_i = D(\rho, \mu_i)$ 代表买方 i 的标准需求函数，它是下式的解

$$u(q_i, \mu_i) = \rho \tag{5.48}$$

在一级价格歧视下，作为垄断者的移动运营商对移动支付市场的交易量的配置使得买方的支付意愿等于影子价格。所以，在充分信息 ρ^F 的条件下，利润最大化的影子价格等于按总需求计算的边际成本

$$\rho^F = c\left(\sum_{i=1}^{n} D(\rho^F, \mu_i)\right) \tag{5.49}$$

式中，ρ^F 取决于买方的偏好参数的向量。

5.6.3 移动运营商在信息不对称下出清市场的机制

在信息不对称的条件下，如同式(5.44)表述的那样，激励相容的约束可以用买方边际支付意愿的下降来表示。买方边际支付意愿的下降使买方获得了租金，该租金是他向移动运营商披露自己偏好参数信息的回报。所以，对于每一个买方偏好参数 $\tilde{\mu}$ 的实现，作为垄断者的移动运营商的总的移动支付交易量在信息不对称条件下比在完全信息条件下小。

这个结论可以用图5-2和式(5.46)与式(5.49)来说明。随意将 $\tilde{\mu}$ 固定，对任何在区间

$[0,1]$ 的 μ_i 和价格 ρ，$D^*(\rho,\mu_i)<D(\rho,\mu_i)$。这是因为，根据定义以及 $u_2>0$，有 $u(D^*(\rho,\mu_i),\mu_i)>\rho=u(D(\rho,\mu_i),\mu_i)$。因此，不对称信息条件下的总交易量线低于完全信息条件下的总产量线，同时边际成本是递增的，所以信息不对称条件下的交易量更小一些。

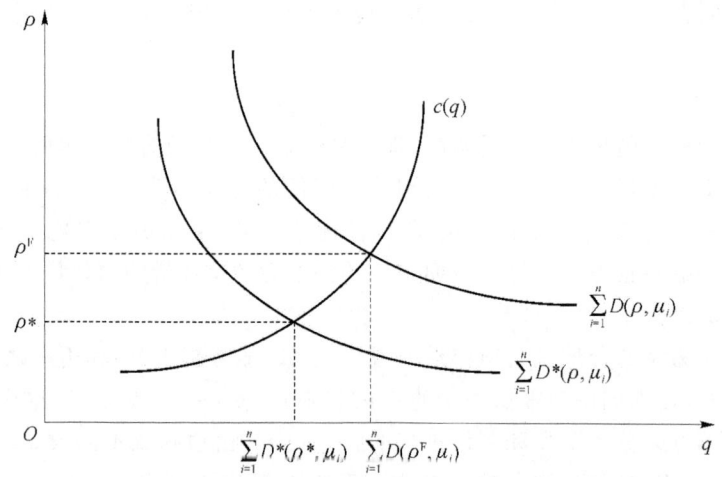

图 5-2　信息不对称条件下的垄断定价与一级价格歧视的比较

图 5-2 说明了二级价格歧视是如何导致垄断的总产出下降的。不过，在信息不对称条件下，每个买方的购买量不一定减少。如图 5-2 所示，因为边际成本随产量而递增，所以均衡的影子价格在信息不对称条件下会更低一些。这会使某些买方获得的交易量分配高于充分信息下的水平。需要注意的是，假如边际成本为常数，影子价格会等于边际成本，从而在信息不对称条件下每个买方分配的产量会更少一些。

5.7　移动运营商采取非线性定价的市场定价机制

5.7.1　非线性定价有助于实现市场的显示机制

非线性定价或者按照数量的定价是广为流行的定价技巧。

非线性定价对于诱导买方披露他们的私人信息是有用的方法。目前，中国的移动运营商普遍采用非线性定价的市场机制，例如，移动运营商知道买方类型的总体分布，那么就可以使用非线性定价来配置交易量并出清市场。不过，一旦移动运营商并不知道有关总需求或总供给方面的信息，非线性定价就难以应用。但是，随着移动运营商提供服务的用户数量的增加，移动运营商对于总需求的知识也会增长，这是因为用户数量是人口总量的一个很大的样本。这意味着，对许多的买者和卖者而言，移动运营商可以使用接近最优的更简单的定价技巧。

假设移动运营商向全部移动支付用户提供一组合同，合同上具体规定了交易量和支付额。同样地，移动运营商可以提供一个"两段费率"，它包含一个线性价格和一个固定的费用。

假如用户在单位区间是连续分布的,累积分布函数为 $F(\mu)$,其中 $F(0)=1-F(1)=0$。为了找到支付方案,在 μ_i 趋近于 μ_{i-1} 时,取支付额的极限

$$P(\mu_i) = \int_0^{q(\mu_i)} u(q,\mu_i) \mathrm{d}p - \int_0^{\mu_i}\int_0^{q(\mu_i)} u_2(q,u) \mathrm{d}q \mathrm{d}\mu \qquad (5.50)$$

式中,μ 类型的用户选择的合同为 $q_i = q(\mu_i)$。

对式(5.50)进行定积分,移动运营商的期望利润为

$$\Pi = \max_{q(\mu)} \int_0^1 \int_0^{q(\mu)} u(q,\mu) \mathrm{d}q - cq(\mu) - \int_0^{q(\mu)} u_2(q,\mu) \mathrm{d}q \frac{1-F(\mu)}{f(\mu)} \mathrm{d}F(\mu) \qquad (5.51)$$

移动运营商在激励相容和个人理性的约束下使利润最大化。在某些条件下,无约束的利润最大化的解满足激励相容和个人理性的条件。因此,移动运营商的最优交易量的一阶条件为,用户虚拟的边际支付意愿等于移动运营商的边际成本

$$u(q^*,\mu) - \frac{1-F(\mu)}{f(\mu)} u_2(q^*,\mu) = c \qquad (5.52)$$

给定了边际支付意愿和偏好参数分布的假定条件,虚拟的边际支付意愿 $q(\mu)$ 在偏好参数上是非递增的,从而这个机制是激励相容的。① 偏好参数是大于等于零的,但如果低于它的临界值,那么用户的净收益 $U(\mu)$ 为零,而对于偏好参数的其他更高的值,用户的净收益为正并且递增。

改变一下变量,移动运营商提供的非线性定价方案有如下的形式

$$p(q) = \int_0^q u(y,\mu^*(y)) \mathrm{d}y \qquad (5.53)$$

式中,$\mu^*(y) = \min\{\mu : q^*(\mu) = y\}$。

5.7.2 移动运营商采用明码标价的市场定价机制的市场条件

在推导移动运营商作为中介参与移动支付交易的最优机制时,使用了关于所有用户的需求信息来决定每个用户的配置。每个用户的报告会影响总需求,后者又反过来影响移动运营商参与移动支付的边际成本,从而提高均衡的影子价格,最终改变交易量在用户之间的最优分配。

刚刚描述的利润最大化的配置与移动运营商使用非线性定价(如按数量打折)来配置物品的方式截然不同。对于后者,每个买方独立地选择一个分配,并且支付水平仅仅取决于买方的购买量。由于利润最大化的配置依赖于每个买方的类型,因此,以非线性定价方式来实现的任何配置一般都不是最优的。很明显,如果移动运营商参与移动支付交易的边际成本为常数,那么,每个用户的配置是可以独立产生的,而非线性定价是可以来执行移动运营商的最优机制的。

---

① 对最优的机制 $q(\mu)$ 进行微分

$$\frac{\mathrm{d}q^*}{\mathrm{d}\mu} = -\frac{u_2(q^*,\mu) - \frac{1-F(\mu)}{f(\mu)} u_{22}(q^*,\mu) - u_2(q^*,\mu) \frac{\mathrm{d}}{\mathrm{d}\mu} \frac{1-F(\mu)}{f(\mu)}}{u_1(q^*,\mu) - \frac{1-F(\mu)}{f(\mu)} u_{21}(q^*,\mu)}$$

因为 $u_2>0, u_{22}>0$,并且 $\frac{1-F(\mu)}{f(\mu)}$ 对 μ 是非递增的,所以分子是大于零的。假如 $u_{21}>0$,那么分母小于零。如果 $u_{21}<0$,根据假设风险规避的绝对率为非递增的,所以分子小于零。

假设移动支付的边际成本是递增的,或者说移动运营商有一个短期的运作移动支付的能力的制约。那么,非线性定价不是最优的,因为作为垄断者他关于总需求的信息是不完全的。这意味着,随着垄断者关于总需求的信息不断改善,非线性定价的最优性也就会不断提高。不太正规地说,随着用户数量的增加,垄断者关于总需求的信息就会改善,因为用户数的增加会提高用户偏好参数累积分布的样本数。

移动运营商作为垄断者的非线性定价向最优化的接近是可以证明出来的,为此,需要证明随着用户数的增多,非线性定价的利润会不断接近最大化的利润。非线性定价的利润 Π 由式(5.51)给出,该利润是按照式(5.53)给出的非线性定价方案来定义的。垄断者的最大化利润是按照式(5.41)和式(5.42)给出的最优化机制 $\Pi(Q^*,p^*)$ 来定义的。证明过程要不断复制用户的类型。假设每个类型 $\mu_i(i=1,\cdots,n)$ 有 m 个用户。那么,随着 m 变大,非线性定价的利润就会接近于最大化的利润。

对非线性定价在极限中接近于最优化的证明是与对大数弱定理的证明相连的,但在两个重要的方面有所不同。第一,由于移动支付的交易量依赖于用户的数量,所以问题更加复杂化了。从均衡的影子价格来评价,由式(5.47)给出的垄断者的直接机制对每个用户来说都是最优的分配规则。这个配置取决于样本的规模。第二,虚拟效用的凹性、成本的凸性以及詹森(Jensen)的不等式对于形成非线性定价的效率损失的上限发挥着作用。

只要作为中介的移动运营商拥有许多的用户和 SP,中介就可以向其用户提供一个非线性的价格 $P(q)$,而向 SP 提供一个非线性的价格 $W(x)$。只要用户和 SP 的数量很大,提供非线性价格的中介(即移动运营商)所获得的利润就会接近于最大化的利润。

现在考虑移动支付交易量配置机制的极限情况。随着用户数变大,交易量的配置机制就收敛于标明的价格。换句话说,仅仅标明一个不变的单位要价 p^* 和出价 ω^* 所获得的利润接近于最优化的利润水平。因此,可以推出,只要用户数量很大,每个用户使用一个固定的移动支付交易量,那么移动运营商就会选择去标明单位的价格。

如果边际成本是递增的,那么最优的配置规则就要求根据客户获得一个单位产品的可能性来索取不同的价格。这种优先权定价方案下的配置依赖于所有用户的需求。可是,随着用户数的变大,移动运营商关于总需求的信息就会增加,从而移动运营商使用统一定价也会做得很好。

5.7.3 单个需求的最优定价趋近于完全信息的固定单位定价的市场条件

假设单个用户的单个需求函数为:如果 $p\leq u_i$,那么 $D(p,\mu_i)=1$,否则 $D(p,\mu_i)=0$。数量 q 代表用户获得一个单位产品的概率。因此,用户说出他们所需服务的概率,非线性价格 $R(q)$ 就为以概率 q 获得服务的成本。[①] 将最优的产出配置定义成

---

① 参见 Harris M, Raviv A. A Theory of Monopoly Pricing Schemes with Demand Uncertainty[J]. American Economic Review, 1981,71(3):347-365. & Spulber F. Optimal Nonlinear Pricing and Contingent Contracts[J]. International Economic Review, 1992,33(4):747-772.

$$D^*(\rho,\mu_i)=\begin{cases}1 & J(\mu_i)\geqslant\rho\\ 0 & 其他\end{cases}$$

式中，$J(\mu)=\mu-\dfrac{1-F(\mu)}{f(\mu)}$ 是用户虚拟的支付意愿。运用配置 $q_i=D^*(\rho,\mu_i)$ 来定义均衡的影子价格 $\hat{\rho}=\rho(q_1,\cdots,q_n)$，如下

$$\hat{\rho}=\inf\{\rho:\rho\geqslant c(\sum_{i=1}^{n}D^*(\rho,\mu^*(q_i)))\}$$

作为垄断者，移动运营商的移动支付交易量的配置规则为

$$S^*(q_i,q_{(i)})=\begin{cases}1 & J(\mu_i(q_i))\geqslant\hat{\rho}(q_i,\cdots,q_n)\\ 0 & 其他\end{cases}$$

用户的期望利益不再是其他用户的函数。这是因为效用为移动交易量的线性函数：$V_i=\mu_iq_i-R(q_i)$。所以垄断移动运营商对单个需求的最优定价规则为

$$R^*(q)=\mu^*(q)q-\int_0^{\mu^*(q)}q^*(\mu)\mathrm{d}\mu$$

对单个需求的最优定价方案具有一个数量的贴水，也就是说，平均的支付额 $\dfrac{R^*(q)}{q}$ 随着期望产出的增加而增加。随着服务可靠性的增加，用户要在边际上支付更多的钱。

这个规则与单位固定价格进行比较。由于用户的类型是按照 $F(\mu)$ 来分布的，面对许多用户的移动支付市场需求极限就为

$$D(p)=1-F(p) \tag{5.54}$$

根据倒弹性规则，利润最大化的价格为

$$p^*\left[1-\dfrac{1-F(p^*)}{p^*f(p^*)}\right]=c(1-F(p)) \tag{5.55}$$

在固定单位价格下，垄断者的利润为

$$\Pi^*=p^*(1-F(p^*))-C(1-F(p^*)) \tag{5.56}$$

将移动支付交易量的配置规则定义成：如果 $\mu\geqslant p^*$，那么 $q^*(\mu)=1$；否则，$q^*(\mu)=0$。这样一来，根据积分的定义，利润就可以写成

$$\Pi^*=\int_0^1 J(\mu)q^*(\mu)\mathrm{d}F(\mu)-C(1-F(p^*)) \tag{5.57}$$

式中，$J(\mu)=\mu-\dfrac{1-F(\mu)}{f(\mu)}$ 是用户的虚拟支付意愿。随着用户数的增多，面对单个需求的最优定价规则所获得的利润会趋近于完全信息的固定单位定价的利润 Π^*。

这个分析可以随时用于移动运营商作为中介参与的间接交易的情况，因为中介面对的用户具有单个的需求函数，而 SP 也具有单个的供给函数。这意味着，随着用户和 SP 的人数增多，标明固定的出价和要价就接近于最优。因此，在大规模的移动支付市场上，利润最大化的移动运营商会标明固定的单位要价 p^* 和出价 ω^*。因为这样做几乎是最有效率的。

下面介绍移动运营商的移动支付业务具有固定的边际成本 c 的简单情况。然后在此基础上再来考查边际成本递增的情况。

5.7.4 移动运营商的非线性定价机制分析

假设只有两类用户,其需求参数为 μ_0 和 μ_1。然后,移动运营商最多提供两个移动支付的合约 (q_0,P_0) 和 (q_1,P_1)。与以前一样,$u(q,\mu)$ 为 μ 类用户对移动支付交易量 q 的边际支付意愿。个人需求 $q=D(p,\mu)$ 可以定义成边际支付意愿与每单位的价格相等:$u(q,\mu)=p$。假设 $\bar{q}>0$,从而 $u(\bar{q},1)=c$,消费受上限的约束。

首先考虑一个合约,它由按边际成本等于价格来计算的产量以及能夺取用户全部净利益的支付额构成,这与完全信息的一级价格歧视类似

$$q_i^* = D(c,\mu_i) \quad (i=0,1) \tag{5.58}$$

$$P_i^* = \int_c^\infty D(p,\mu_i)\mathrm{d}p + cq_i^* \quad (i=0,1) \tag{5.59}$$

注意:$q_0<q_1$,而 $P_0<P_1$。在信息不对称的条件下,一级价格歧视的合约不会将用户区别开来,因为两类用户都会一致地选择价格低的合约。逆向选择产生了。需求大的用户不会从支付额大和交易量大的合约中获得利益,但会从支付额小和交易量小的合约中获得正的利益,这是因为需求大的用户的剩余在任何交易量水平上都大于需求小的用户,参见图 5-3。

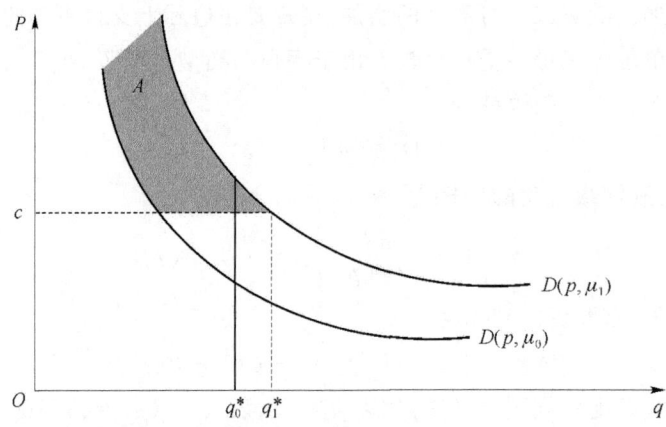

图 5-3 在任何产量水平上,需求大的买方具有更大的消费者剩余,大小等于阴影面积 A

为了诱导需求大的用户去选择交易量 q_1^*,移动运营商必须将固定的支付额降低到他从小交易量的合约中获得的消费者剩余

$$\hat{P}_1 = P_1^* - A$$

这里 A 是图 5-3 中的阴影面积。这会导致用户的自我选择,即需求小的用户选择 (q_0^*, P_0^*),而需求大的用户选择 $(q_1^*, \hat{P}_1)$。

不过,作为垄断者的移动运营商可以容易地获得更高的利润。稍微减小卖给需求小的用户的数量,从固定费用上来说,移动运营商几乎没有什么损失。这就能使移动运营商大大抬高需求大的用户支付的固定费用。这一点可以在图 5-4 上加以说明。

将数量从 q_0^* 降到 $\hat{q}_0$,向需求小的用户索取的固定费用必须减少,这样才能使来自需求小的用户的利润下降 E 这么多。同时,可以将需求大的用户的固定费用提高 B 这么多,B

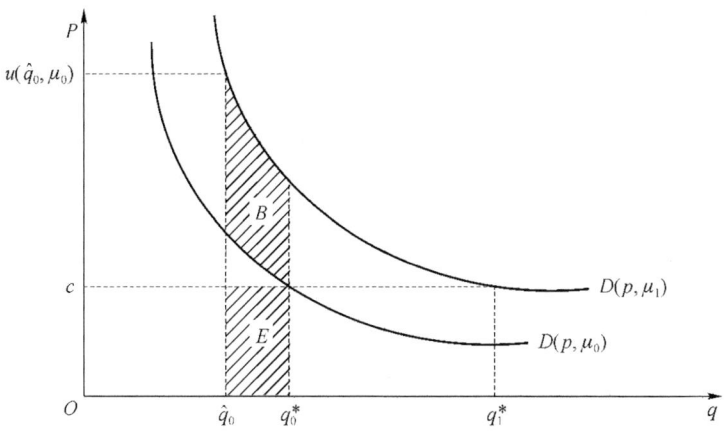

图 5-4 为了利润最大化而调整非线性价格方案

总是大于 E。移动运营商获得的利润是需求大的用户对固定费用的一级影响(B)与需求小的用户对固定费用的二级影响(E)之间的差。面积 B 代表阴影面积 A 的减少,也就是为了使需求大的用户对两个合约感到无所谓要求的固定费用的减少。另外,继续向需求小的用户索取一个固定费用,它等于那个用户从数量上获得的利益 $\hat{q}_0$。

移动运营商的利润最大化合约都因逆向选择问题而彼此相连,也就是说,用户或许会选择为他人而设计的合约。但必须选择一个移动运营商的合约来诱导用户自主选择那个为他们而设计的合约。

要使需求小的用户在从移动运营商那里购买和不购买之间感到无所谓,固定的费用应为

$$P_0 = \int_0^{q^0} u(q, u_0) \mathrm{d}q \tag{5.60}$$

要使需求大的用户在两种合约之间感到无所谓,固定费用应为

$$P_1 = \int_0^{q_1^*} u(q, u_1) \mathrm{d}q - \left[\int_0^{q_0} u(q, \mu_1) \mathrm{d}q - P_0 \right] \tag{5.61}$$

假设需求小的用户的比重为 β,需求大的用户的比重为 $1-\beta$。移动运营商的利润为

$$\Pi = \beta(P_0 - cq_0) + (1-\beta)(P_1 - cq_1^*)$$

用式(5.60)和式(5.61)消除支付额 P_0 和 P_1,移动运营商的利润最大化问题变为

$$\Pi = \max_{q_0} \Big[\beta \int_0^{q_0} u(q, \mu_0) \mathrm{d}q - \beta c q_0 + (1-\beta) \int_0^{q_1^*} u(q, \mu_1) \mathrm{d}q - $$
$$(1-\beta)cq_1^* - (1-\beta) \int_{\mu_0}^{\mu_1} u_2(q, \mu) \mathrm{d}q \mathrm{d}u \Big] \tag{5.62}$$

对于需求小的用户所需的交易量,移动运营商的一阶条件为

$$u(q_0, \mu_0) = c + \frac{(1-\beta)}{\beta} \int_{\mu_0}^{\mu_1} u_2(q_0, \mu) \mathrm{d}\mu \tag{5.63}$$

显然,需求小的用户的交易量小于边际支付意愿等于边际成本时的一级价格歧视的交易量。因此,需求小的用户的边际价格高于边际成本,$u(q_0, \mu_0) > c$,而需求大的用户的边际价格则等于边际成本,见图 5-4。

假设有许多类型的用户分布在单位区间 $\mu_i (i=0, 1, \cdots, I)$ 内,其中 $\mu_0 = 0$。移动运营商

选择的合约要使得用户对提供给下一个类型的用户的合约感到无所谓

$$P_i = \int_0^{q_i} u(q,\mu_i)\mathrm{d}q - \left[\int_0^{q_{i-1}} u(q,\mu_i)\mathrm{d}q - P_{i-1}\right](i=1,\cdots,I) \qquad (5.64)$$

用式(5.64)中导出的 P_{i-1}、P_{i-2} 等的表达式递推地代入式(5.64),可以得到

$$P_i = \int_0^{q_i} u(q,\mu_i)\mathrm{d}q - \sum_{j=0}^{i=1} \int_{\mu_j}^{\mu_{j+1}} \int_0^{q_{i-1}} u_2(q,\mu)\mathrm{d}q\mathrm{d}\mu \qquad (5.65)$$

因为 $P_0 = \int_0^{q_0} u(q,\mu_0)\mathrm{d}q$。

第6章 中国移动支付市场机制的效率权衡

很多经济学家对市场效率问题都有很多观点。这些经济学家不仅众说纷纭,而且他们的观点有些相互矛盾,因而在效率分析的理论框架上还没有统一的结论,本章根据移动支付市场的微观结构,提出建立一种激励相容的市场机制,从而可以由交易参与者自主选择效率高的交易方式,因而使总的市场机制的运行更有效率。其中厂商的合约理论适用于分散交易的市场机制的效率权衡分析,而厂商的中介理论适用于集中交易的市场机制权衡分析。最后借鉴上述理论分析框架分析中国的移动支付市场机制的效率权衡。

6.1 关于市场机制运行效率的问题研究

经济学家早就意识到了市场体系的运行成本。弗里德里希·A.哈耶克(Friedrich A. Hayek)曾谈到"人类知识无法回避缺陷,从而需要一种体制来经常沟通和获得知识"。[1] 市场的分散性质提供了处理大量广泛分散的信息的工具。中央计划者对获取这种私人信息是无能为力的,而且即使这种信息是可得的,利用这些信息的成本也是禁止性的。价格制度是神奇的,通过它提供了哈耶克所说的"关于知识的节约",哪怕它的"调整可能从来都不是完美无缺的"。

肯尼斯·阿罗(Arrow,1963)的角度有所不同。他观察到"市场在应对不确定性方面的无能为力诞生了许多社会制度,在这里,市场的通常假定在很多方面与此是有冲突的"。阿罗(1963)在一篇关于医疗卫生的论文中强调,医疗保险商所遇到的问题来源于对医疗需求方面的道德风险和逆选择。他的结论是:在不确定性条件下,理想的竞争行为的逻辑和局限促使我们意识到,非人格化的价格体系所涵盖的现实是不完全的。

例如,他认为,医生与病人之间的关系会改善道德风险对医疗保险商的影响。对道德风险和逆向选择经济影响的关注激发了关于厂商的委托-代理理论的大量研究。

哈耶克所断言的市场奇迹与阿罗所发现的市场失灵之间的冲突看上去都源于同一个问题——交易成本。是交易成本使得政府对资源配置的干预变得未必有效,又是交易成本导致了与新古典的模型不符合的市场机制的产生。

在新古典经济学里,对厂商的简化处理是为了说明市场的性质。与其说厂商是一个黑箱,还不如说厂商是使用投入进行生产的透明的技术机制。当然,同样可以追究的是,新古

---

[1] Hayek A. The Use of Knowledge in Society[J]. The American Economic Review,1945(35):519-530.

典经济学把市场也视为黑箱。有了供给的需求函数,市场就产生了价格,提供某些观察不到的机制,使需求的数量和供给的数量完全相等。究竟如何将供求曲线转换成市场出清价格新古典经济学却只字未提。瓦尔拉斯拍卖人的存在依然没有得到令人满意和现实主义的解释。

新古典的模型假定经济的交易是无摩擦的和无成本的。只要承认机制的运行中存在着成本,一切都会变化。如果运行市场是有成本的,那么市场的运行就不会完美无缺。对经济来说,在市场表现的某些方面(无论是价格调整,还是市场出清)与市场活动的成本之间作出妥协倒是有效率的。如果建立市场是有成本的,那么市场就是不完全的,某些产品就不能进行交换。

进一步而言,如果建立和运行移动支付市场是有成本的,那么移动运营商的角色就会发生重要的变化。即使那些纯粹的 SP 也要改变他们的行为来减少市场成本对其利润的影响。而且,这样一来,移动运营商也就会有进入市场业务和管理的机会。这种专业化的中介就是在前面几章分析的移动运营商。

因为交易成本的出现导致对新古典的市场理论和相应的厂商理论的基本修正,显然非常值得详细地探讨一下到底什么是交易成本,以及厂商的合约理论中这些交易成本所担当的关键角色。首先评述一下由这个领域的主要贡献者所发展起来的交易成本的一些定义。

对于降低交易成本的问题,交易成本的文献提供的是一个组织解。在奥利弗·威廉姆森的重要著作中,关于交易成本经济学的发展的内容可以概括为三大方面:理性的局限性、资产的专有性和机会主义。他发现,厂商"组织交易是为了节约有限的理性,而同时防御机会主义的风险"。[①] 厂商用组织的管理取代市场的交易来解决不完全的合约承诺的问题。

6.2 厂商的合约理论适用于分散交易的市场机制的效率权衡

厂商的合约理论主要关注的是怎样在组织上解决市场分配的成本。厂商可以提供自己的生产和流通,可以在组织内部分配物品和服务,可以用组织的合约来控制对投入品的使用,可以拥有那些关键的、交易专用的资产的所有权。根据厂商的合约理论,厂商的边界是由 4 个此消彼长关系中的一个和多个关系所决定的,这 4 个关系是:交易成本与管理成本、交易的不确定性和用组织来分配的成本、交易的机会主义与组织合约的成本、交易的机会主义与所有权的成本。

交易成本的文献正确地突出了市场搜寻成本和缔约成本的存在。但是,它们却未探求其他市场机制的交易成本。相反,它们想当然地认为求助于组织就可以降低交易成本。

厂商设计市场制度为的是赚取提供交易机制的回报。他们会分享买卖双方之间的某些交易的利益。厂商创设的市场制度要与其他的组织竞争,而且市场制度之间也有竞争。例如,由中介来集中交易,则买者和卖者之间也有竞争。在不同的行业,比如正规的拍卖市场、

---

① Riordan H, Williamson E. Asset Specificity and Economic Organization[J]. International Journal of Industrial Organization,1985,3(4):365-378.

商品的标价销售,还有有中间人的交易,市场的微观结构是大相径庭的。

所有研究市场运行机制效率的相关理论都有一个共同的话题:市场成本与组织成本之间是不可全无的。厂商通过将交易成本和管理成本最小化来选择其纵向一体化的范围。厂商要基于对交易的不确定性与组织的分配成本的消长关系,来选择是否纵向合并投入品的生产与供给。厂商还要基于交易机会主义和组织合约的相对成本来决定是否要进入某个活动领域。最后,厂商通过比较对资产不完全控制的成本与拥有资产的成本的大小来选择拥有什么资产。

无论哪种情况,对市场交易成本所能想到的解决办法就是组织的扩展。其结果就出现了厂商的理论,它基于使用市场和利用内部配置的相对成本来决定厂商的边界。

因此,成本的最小化是厂商选择生产和流通活动、纵向一体化以及投资类型和资产所有制的基础。无论怎样,这些决策决定了厂商的活动、组织的结构、合约以及资产,所以,对市场成本的组织上的解决办法提供了关于厂商的合约理论。

6.2.1 交易成本与管理成本的市场效率权衡

科斯(Coase,1937)在他开创性的论文《厂商的性质》中提出,对交易成本的回避是对存在厂商的解释。他将交易成本视为使用市场的成本。厂商会将其内部活动的范围扩大到交易成本与管理成本边际相等的点上。在科斯(1937)的经典论文中,仅有两段提到了交易成本的定义。他说:"建立企业是有利可图的,主要原因是,利用市场是有成本的。"他还提到"营销的成本"和"在公开市场上进行交换的成本"。交易成本可以是某种形式的可变成本,科斯对边际交易成本的强调似有这个含义。科斯区分了市场交易成本在厂商内部的配置。他列举了很多这样的成本。

首先,根据科斯的说法,"通过价格机制组织产生的最显而易见的成本是去发现到底定什么价格的成本"。有意思的是,科斯认为,"专家的出现虽然可以买卖这个信息,从而降低这个成本,但无法消除它"。因此,专家是改进信息收集效率的一个机制。

科斯进一步强调:"为每一个市场交换进行谈判和签订各自合约的成本也应该开列在内。"科斯认为,在一些市场上,如鲜活产品的市场,人们设计出了一些技术来减低这些成本,但不能消除这些成本。所以,科斯用一种不太肯定的方式看到了由人组织起来的交易制度的存在。

最后,科斯还加上了一个成本,即利用价格机制的"劣势"。他指出利用市场的机会成本,意思是说,与厂商内部的合约关系不同,市场的合约多为短期的。在短期合约的众多劣势当中科斯指的是签订许多短期合约的成本。他比较了短期合约的这种成本与条款是固定的长期合约所包含的风险以及签订考虑很多偶然因素的长期合约的成本。因此,按照科斯的意思,长期合约的任何净收益都是利用市场的机会成本。

科斯所指的交易既包含现货市场,也包含长期合约。无论是买还是卖,只要利用市场就是进行交易。与之相对照,科斯将管理的成本以及厂商与其雇员签订的合约视为组织成本。比较理想的做法是,厂商必须计算他的直接和间接的进货成本,并与组织生产的增量成本进行比较。

厂商的科斯主义理论在合约效率的基础上解释了厂商的存在。无论从合约的制订，还是从合约的履行上来说，厂商代表一组更有效率的合约关系。科斯的最初见解是"利用价格机制是有成本的"，厂商组织各种生产是为了降低搜寻价格的成本、单个交易谈判的成本和在长期合约中确认偶然因素的成本。因此，"通过建立一个组织并承认某种权威（企业家）来指挥资源的分配，会节省某些市场成本"。市场成本和组织成本的相对大小是决定厂商活动范围的主要因素。所以，交易成本在厂商的合约理论中具有中心意义。

科斯给出的基本逻辑是一个均衡条件：一个厂商将扩大到厂商内部组织一笔额外交易的成本等于利用公开市场的交换进行这笔交易的成本或等于另立一家厂商的成本为止。这个逻辑不仅对不同的产品成立，而且对生产的不同阶段也同样成立。因此，在均衡中，生产的纵向阶段是由厂商来划分的，"其原则是每个厂商组织额外交易的成本都相等"。科斯意识到，厂商的规模由"管理的回报递减"以及规模对企业家"犯错误"的影响所制约。他也强调，交换关系缤纷复杂，厂商的组织成本也五花八门。

因此，基于交易成本和组织成本的概念，科斯对交易成本的讨论提供了厂商的均衡理论。厂商所从事的是那些在组织内部处理比签订市场合约更廉价的活动。

哈罗德·德姆塞茨（Demsetx，1991）对科斯的理论提出了最有说服力的一个批评：要区分市场采购和自家生产没有那么容易，因为自家生产也要使用市场采购的投入品。替代（从市场上）采购投入品的是（从市场上）采购那些更完整的产品而已。德姆塞茨从这里得出了两个结论：所以说，自家的生产并不能彻底消灭交易成本；同样，自己不生产而从另一家厂商购买产品实际上隐含地购买了另一家厂商的管理服务，所以从市场上采购更加完整的产品也不能消灭管理的成本。[①] 德姆塞茨认为，正确的问题不是采购的交易成本是否小于生产的管理成本，而是自家生产所发生的管理和交易成本的总和是大于还是小于从市场采购所发生的管理和交易成本的总和，毕竟无论哪一种选择都需要这两种类型的成本支出。[①] 所以，采购投入品要买方承担交易成本，而卖方承担管理成本。

因此，制造还是购买的区分并不是说明交易成本和管理成本区别的一个清楚的概念。事实上，德姆塞茨指出，交易成本只是区分从别处购买的成本与自己的制造成本之间差别的一个指标。两者的重要区别还取决于技术与厂商之间运营成本的差别。否则的话，我们的分析必须隐含地假设所有的厂商都具有相同的技术。所以，在基本的交易成本框架内，技术上的"信息要保持完全和免费"。[①]

对于交易成本与管理成本的区别，德姆塞茨还进一步发现了一个概念上的考量问题：一个人给另一个人打电话说，如果资产的价格小于规定的价格，要他在规定的时间购进某个资产。这个是交易活动还是管理活动？实质的困难是，同一个活动通常既是交易活动又是管理活动。[①]

厂商的交易成本与管理成本是不易分离的。而且，厂商还承担着其他活动的成本，这些活动包括研究、工程、经营、市场宣传和营销等，很难说哪一个是采购的增量成本。

---

① Demsetz H. The Theory of the Firm Revisited, in the Nature of the Firm[J]. Journal of Law, Economics, & Organization,1991:141-161.

6.2.2 市场的不确定性与组织内部协调的市场效率权衡

市场的不确定性和有限理性的问题可以通过创设组织来解决。产品和服务的内部生产与配置需要管理的控制,而管理的控制无法通过市场合约复制出来。而且,组织成员的联合努力需要加工信息,这可以减轻市场不确定性的影响并减少个人理性的局限。从这个意义上说,用组织来解决市场不确定性和有限的理性是对厂商合约理论的一个贡献。

弗兰克·奈特(Knight,1921)在他的开创性著作《风险、不确定性与利润》中,将厂商视为对付市场的不确定性的一个机制。厂商的经理在处理市场信息中的理性局限性使市场不确定性的成本大大提高了。而厂商是解决和降低市场不确定性成本的一个组织上的回应。

经济上的不确定性是市场交易成本的共同源泉。买方和卖方面临着不了解交易伙伴、不了解产品和服务的价格、不了解产品质量以及有没有所需的产品等一系列的不确定性。组织的存在通过纵向一体化并由自己生产投入品和分配产出品来减少这些成本。与制造还是购买的逻辑类似,这里也存在着应对市场不确定性的成本与在组织内部分配产品和服务的成本之间的权衡。这意味着对厂商存在的一种解释:厂商的存在是为了将不确定性的成本最小化。

弗兰克·奈特强调了信息和不确定性对解释厂商内部组织活动的意义。尽管与科斯的理论有冲突,但是他的这些观点是可以从一般意义上来调和的,因为由信息不完全所产生的问题是交易成本的一个重要源泉。科斯指出了他与奈特的分歧,尤其提到"只要有更好的信息或判断,也许不积极参与生产,而是与从事生产的人订立合约是值得的"。科斯继续写道:"好像奈特教授从未说明为什么价格机制应该被替代。"

由于厂商经理们的理性有限,不确定性的后果在组织内部照样突出。经济参与者(买卖双方)在处理市场信息并基于这些信息试图作出理性决策的过程中都要承受理性有限的后果。组织可以集思广益和利用专业化与分工的优势来潜在地改善信息处理的效率和决策的精确性。经济参与者有限的理性以及组织内部的协调成本导致了官僚主义的惰性,并限制了组织在对付不确定性中的表现。

1. 市场的不确定性

奈特对厂商的观点重在经济的不确定性,"因此,对付不确定性的问题不可避免地转换为了管理和经济规制的一般问题",组建厂商是为了减弱生产和得出最终需求的不确定性,这个观点可以用模型表达出来,将厂商视为旨在降低不确定性的合并的结果。

阿罗(1975)给出了关于纵向一体化的一个基本模型,在这个模型里,上游厂商向下游厂商出售一种偶尔可得的资源。上游厂商在市场出清前的一个时期知道该资源的存货数量,所以为纵向合并提供了一个激励。的确,在某些情况下,单个下游厂商希望得到所有上游厂商的资源的存货数量,以消除资源总量上的全部不确定性。

市场合约的代理关系和厂商内部的代理关系都存在着道德风险和逆向选择的问题。所以,厂商的理论必须围绕着通过市场关系处理信息与通过组织关系处理信息的相对效率而建立起来。如果组织内部的关系在处理信息不对称时比市场处理时更有效率,活动就应该在组织内部进行。

横向合并可以减少厂商的需求和成本的偏差。弗兰克·奈特发现,个人决策者涉及的道德风险问题可以阻止外部代理、保险公司或协会进行合并。奈特说,由于集团化和组织利益的统一,集团化将不确定性转化为一个可衡量的风险,从而降低不确定性,是工业企业扩张经营规模的强大激励。这个事实也肯定是现代经济生活中我们所熟悉的工业企业的规模超常增长的重要原因之一。

奈特强调了企业规模的重要性,在他看来,规模是经理们平衡他们的理念或判断错误之风险的手段。

当然,生产合并的成本、收益以及风险上的优势受到大企业的组织成本的制约。生产合并的收益必须与合约的收益进行比较。即使考虑组织上的和合约上的问题,合并的收益仍为市场的边界提供了解释。因此,合并对不确定性的降低是厂商理论的另一个要件。

2. 有限的理性

管理学针对的问题往往是经理怎样决策,以及组织内部如何执行经理的计划。要设计一个组织,经理首先要考虑自己的局限性以及下属的局限性和动机。经典的管理学关心的是建立一个科层制以及在科层制里配置责任与权威的机械论。在第二次世界大战之后,管理学将注意力转移到了管理者的决策过程、如何诱导科层制内的人回应管理者的指令的问题以及厂商的利益问题。[①]

假如管理者处理和决策的能力是没有限制的,那么决策就仅仅是一个运筹学和经济最优化的应用问题。正是因为管理者的决策能力是有限的,而且理性也可能有限,所以制定和执行管理决策的问题变得有趣了。休梅克(Schoemaker,1990)认为,随着管理者处理问题、收集信息、作出决定以及不断总结经验,他们的理性随着时间而变化。管理者能力的差异使得公司需要改进并为竞争者创造机会。管理能力的限制也使组织内部的决策多元化有了意义。

奥利弗·威廉姆森(1985)说:"有限的理性是交易成本经济学所依赖的一个认识论的假设。"西蒙(Simon,1955,1972,1976)考查了有限的认识能力对组织的含义。有限理性的概念对管理学的文献有两个主要的影响:个人的动机与组织的适应性。有限理性的一个含义是强调了管理者及其下属的能力有限,因此需要在组织内部下放权力并共享信息。基于有限理性的另一个观点是强调组织本身在认知能力上的局限性,认为组织要以不断适应的方式而存在。

首先考虑管理的局限与动机。管理的动机观点由来已久。切斯特·巴纳德(Barnard,1938)说,"个人总是组织中基本的策略因子",因此,"激励是正式组织的根本性问题"。巴纳德强调了管理者领导的作用,其结论是,"人类合作的最一般的策略因子是管理的能力"。他的开创性讨论强调了组织的合作一面,强调了组织的目标与组织个人目标之间的区别,阐述了信息沟通在组织中的角色。[②]

除了横向的专业化,即功能的专业化外,组织也含着纵向的专业化,也就是管理者与下属之间在任务上的区别。正如西蒙(1976)以及他人所说的那样,纵向的专业化需要任务之间的协调,经理专注于做决定并向科层制的上级负责。但是,西蒙谨慎地指出,理性是有限

[①] 在管理学上,有许多关于组织行为的文献。组织行为学使用心理学和社会学的方法来研究个人的活动以及个人之间在厂商内的相互关系。这里当然无法综述这么大量的文献,但可以找到对这个领域的一些精彩的评论。

[②] 不过,巴纳德对权威和沟通的讨论深受古典观点的影响,他的观点过于强调组织内部的正规沟通渠道。

的;知识是不完备的,对未来事件的预见是不完全的,要弄清楚所有其他的可能性是有困难的。对西蒙而言,组织本身是有一组约束条件的,这些条件会影响组织成员的决策。

在组织内沟通信息之所以如此重要,部分原因是个人的认知能力是有限的。阿罗(1974)认为,由于信息是有成本的,所以,由科层制的上级传递信息会更有效率。奈特(Knight,1921)发现将个人赋予管理者的职能,可能有助于增强其决策和处理信息的能力。斯廷奇库姆(Stinchcombe,1990)认为,从社会学的观点来看,"组织的社会结构可以用他们所面临的信息问题的结构来解释"。

个人理性的局限性对组织具有重要的影响。马奇和西蒙(Mcrah and Simon,1958)的经典论文对早期关于动力的约束、组织的冲突以及理性的认知局限性的研究工作做了考查,他们的结论是,适应性行为对于理解组织的结构是至关重要的。由于知识、计算以及个人决策能力上存在着局限性,组织要在目标上化大为小,借助于组织各部门的小目标来实现组织的目标。威廉姆森发现,组织有利于"适应性、连续的决策,从而有助于节约有限的理性"。

阿里尔·鲁宾斯坦(Rubinstein,1998)对那些试图将有限理性模型化的各种工作做了考查。他考虑的模型是关于程序决策、界定知识、记忆力有限、选择知道什么以及博弈中的对策性决策的局限性等的。鲁宾斯坦从集中决策的复杂性出发,考查了有限理性的组织含义。集体的决策是困难的,因为在组织成员之间建立沟通渠道是有成本的,连续沟通要支付时间的成本,而集体决策要加总个人的偏好,也是有成本的。在社会选择的文献上,已众所周知,集体决策可能无法以传递的方式将备选对象排序。

马希克和拉德纳(Marschak and Radner,1972)关于团队的经典模型说明了沟通渠道和成本,在他们的模型里,团队的每个成员要花费某个成本才能不完全地观察到现实状况,而团队的决策则依赖于建立了什么样(成本多高)的沟通渠道。在他们的框架里,一个组织者面临着如何设计一个组织网络使得预期的收益"减去"团队成员所承担的类似的决策成本。对付决策复杂性的一个方法是让组织适应性地对变化中的现实作出回应。这个观点在系统论的方法中也有所反映,系统论在20世纪60年代以后格外流行并且仍在影响着管理学的教科书。西尔特和马奇(Cyert and March,1963)基于厂商决策的系统论观点提出了厂商的行为模型。他们将厂商的决策描述为目标确定、反馈、适应和搜寻的整个过程。主要由生物学家冯·伯塔兰菲(Bertalanffy,1968)所开创的这个系统论的方法,强调相互联系的各个部分之间是一个有机的构成,可以应用于自动反馈和控制系统。① 系统论的观点现已被广泛应用于自然科学、数学、计算机以及社会科学。②

对组织的系统论的研究通常基于一个生物学的比喻。例如,冯·伯塔兰菲说:"组织的特征,无论是生命器官还是一个社会,都可以从整体性、增长、差别、科层指令、支配、控制和竞争等方面加以看待。"摩根(Morgan,1986)把组织比喻为器官,他说,系统论对组织与环境的作用和适应关系以及组织与各个子系统之间的关系等有重要的影响。

适应性系统的观点对组织文献具有深远的影响。例如,劳伦斯和洛尔施(Lawrence and Lorsch,1967)把组织视为一个开放的系统,强调了组织内部的关系以及外部环境对组织成员行为的影响。他们认为,古典的组织理论对组织内部功能和协作的关注应该随着对外部

---

① Bennis G. Changing Organizations[J]. The Journal of Applied Behavioral Science,1996(2):247-263.
② 冯·伯塔兰菲给出系统论的大量方法,包括计算机模拟、控制论、信息论、博弈论和决策理论。

环境的行为含义的考虑而有所突破。① 比如,营销经理的行为必然在很大程度上受到他们与客户的联系以及竞争对手的意识的影响。劳伦斯和洛尔施对组织的传统人类关系理论进行了分析。② 他们提出了一个组织的依从理论来统一古典的和人类关系学派的理论,特别强调组织的形式是厂商的策略选择和厂商会遇到的外部环境的共同产物。

在诸多的方法里面都突出了组织的生物学观点。汉南和弗里曼(Hannan and Freeman,1977)以及奥尔德里奇(Aldrich,1979)研究了组织的生态学,将组织形式数量的变化理解为社会环境变迁的结果。因此,组织的典型形式随着单个厂商的组织形式的生成或毁灭(进入或退出)而发生变迁。这样一来,在对环境变化作出反应时,管理策略所发挥的作用就下降了。③ 一个不同的但相关的生物学的观点强调了组织的进化,并考虑了组织特征对单个组织去适应环境的影响。他们强调了组织数量的变迁(例如厂商的数量和规模)。④

经济学家也研究了组织的进化。⑤ 与标准的厂商最优化模型不同,纳尔逊和温特(Nelson and Winter,1982)强调了组织规范的重要性,这些规范起着下列作用:①组织的记忆;②协调工具;③作为控制、复制和模仿的目标。他们认为,对高层经理来说,公司战略不过是一组启迪思维的东西而已。由乔瓦诺维克(Jovanovic,1982)发展起来的选择与工业进化的模型考查了具有不同的随机生产成本的厂商的进入、退出和成活问题。厂商逐渐学到了它的成本振荡的概率分布,并基于期望利润的考虑来选择是继续存留在行业中还是退出。

6.2.3 市场上的机会主义与组织成本的市场效率权衡

奥利弗·威廉姆森发现,厂商"组织交易是为了节约有限的理性,而同时防御机会主义的风险"。⑥厂商组织的管理取代市场的交易来解决不完全的合约承诺的问题。奥利弗·威廉姆森这位交易成本经济学的最伟大的倡导者认为,标志着过去150年资本主义经济制度发展的组织创新的全部内容都可以用交易成本的概念加以诠释。⑦ 按照威廉姆森的观点,不管什么问题,只要能归结于合约问题,都可以用节约交易成本的动机来解释,"每个交换关系都不例外"。

对于纵向合并,威廉姆森(1988)强调了他所谓的"过程方法"。这个方法有3个要素:①有限的理性;②资产专用性;③机会主义。理性的局限产生了制定因地制宜合约的成本。资产的专用性是指不可挽回的特定交易的投资。威廉姆森(1985)将机会主义定义成"用诡计寻

---

① 劳伦斯和洛尔施断言,系统会随着其增长而变得差别化,各个不同的部分必须整合起来:"与人相似,人体变成了不同的重要器官,这些器官再通过神经系统和大脑而整合起来。其次,系统的一个重要的功能是对外部世界的适应。"
② 劳伦斯和洛尔施发现,"一旦将影响置于相对知识集中的地方,我们样本中的原有组织都能发挥最佳功能"。
③ 参见赫比尼克和乔伊斯(Hrebiniak and Joyce,1985)对这个问题的研究。伯格尔曼(Burgelman,1990)认为,大组织的策略是组织生态学的结果。
④ Singh V, Lumsden J. Theory and Research in Organizational Ecology[J]. Annual Review of Sociology,1990(16):161-195.
⑤ Penrose T. Biological Analogies in the Theory of the Firm[J]. The American Economic Review,1952(42):804-819.
⑥ Riordan H, Williamson E. Asset Specificity and Economic Organization[J]. International Journal of Industrial Organization3,1985,3(4):365-378.
⑦ Williamson E. Asset Specificity and Economic Organization[J]. International Journal of Industrial Organization,1985(3):365-378.

求自利",把强调事后决策权的过程方法与强调事前投资决策的激励方法进行了对比。

对威廉姆森而言,交易成本是指那些与签约问题有关的成本。将分析的重点放在合约而不是现货交易上,威廉姆森区分了事前和事后的交易成本。事前的交易成本是与形成合约有关的成本,它们是"起草、谈判与保障达成协议的成本"①。这些成本包括将协议留有余地的成本。它们也包括像公共所有或用内部组织替代市场协议之类的保证条款。

威廉姆森指出了签约的4种主要的事后成本:①合约不能适应条件变化的"不适应的成本";②针对权利界定模糊而发生的对合约进行再谈判的成本;③为有争论的裁决建立并维持治理结构的成本;④确保承诺的捆绑成本。

如阿尔奇安和伍德沃德(Alchian and Woodward,1988)所说,马歇尔在他的《经济学原理》中将资产所获得的高于其在尽可能地营运时的租金叫做"复合准租金",这是沉淀投资的回报,而且一旦重新谈判合约,这个所得是要分配掉的。马歇尔给出了一个投资钢厂的例子,这个将要投资兴建的钢厂坐落在发电厂附近,并与发电厂签署供电合约。等到钢厂建成后,发电厂提高了电费率,从而剥夺了钢厂的准租金。

威廉姆森(1975,1985)细化并扩展了科斯(Coase,1937)和马歇尔的思想,对交易成本在厂商的纵向一体化决策中的作用提供了广泛而重要的分析。在将合约与纵向一体化进行比较时,威廉姆森特别强调偶然因素的成本含义,强调了因监督的异想天开而存在的市场合约中的道德风险以及合约中技术扩散的可能性。他说:"假如在吹炉和轧钢两个阶段之间写出并履行一个复杂的因地制宜的合约是可能的话,那么为了节约热能的目的而将这些活动一体化是没有必要的。"而且他发现,制定一个完备的因地制宜的合约之所以成本高昂,理性的局限是一个因素。他指出,解释纵向一体化的那个所谓保障供给的论点只是因地制宜合约的一个特例。

合约形成以后,威廉姆森(1975,1985)强调了监督和执行表现的重要性。在法律上,针对合约关系的不可挽回的投资被称为信赖。威廉姆森将信赖称之为"资产专用性",并视之为决定厂商组织的一个因素。在一个专门针对合约关系的资产上进行投入的人容易引起再协商或者合约的套牢问题,这些问题的出现是因为投资沉淀。②

威廉姆森认为,交易成本既解释了人们为什么会作出将交易从市场转移到厂商内部的决定,也解释了厂商的组织形式。在这个意义上,威廉姆森强调并指出,只要合约是不完全的,缔约方的机会主义行为就会发生。相应地,他强调,为了"牵制机会主义",需要由一个复杂的科层制来管理纵向一体化的公司。

威廉姆森(1975)还介绍了许多可能限制纵向一体化收益的因素。交易双方之间存在信任的社会规范,可以限制市场合约的机会主义,从而不完全的合约也会实现有效率的结果。不仅如此,有很多因素会限制厂商的规模,这包括理性的局限性、官僚的机会主义以及雇员合作的局限等。

赖尔登和威廉姆森(Riordan and Williamson,1985)考查了资产的专用性对市场交易

---

① Williamson E. Asset Specificity and Economic Organization[J]. International Journal of Industrial Organization, 1985(3):365-378.
② 由威廉姆森(WilliamSon,1971,1975)开创的这个资产专用性在纵向缔约中的作用,被克莱因、克荣福和阿尔奇安(Klein, Crawford and Alchain,1978)以及赖尔登和威廉姆森(Riordan and Williamsonm,1985)等进一步发展了。

与纵向一体化之间权衡关系的影响。令 A 为厂商要选择的资产专用性的程度。如果 A 比较小,则厂商的资产可以再用于其他的市场;而如果 A 比较大,那么厂商的资产除了现有的用途之外,就没有什么别的价值了。厂商的生产成本为 $C(Q,A)$,式中 Q 代表产出。资产专用性的成本为 zA,从而假定专用的资产比用途广泛的灵活的资产更昂贵。如果没有其他的成本,那么资产专用性的最优程度将取决于节约成本的优势与资产专用化的成本的平衡

$$-C_A(Q,A)=z$$

这里,对资产专用性的选择依赖于厂商的产出水平。

这个问题因为市场合约有成本和管理一个组织有成本而变得复杂化。更多依靠市场的厂商要承担市场的缔约成本 $M(A)$,该成本随着资产专用性的提高而递增。相反,一个纵向一体化的厂商要承担额外的管理或治理成本 $G(A)$,并且这个成本也随着资产专用性的提高而增加。

为了说明相对于组织来说市场的适应性是有限的,赖尔登和威廉姆森假设市场缔约的边际成本超过了管理的成本:$M'(A)>G'(A)$。为了展现"市场的高能激励",他们假定,如果资产不太专用,厂商承担的市场成本小于公司治理的成本:$M(0)<G(0)$。然后,这意味着存在一个资产专用性水平的临界值 A^*,使得这些成本相等

$$M(A^*)=G(A^*)$$

资产专用性水平低于临界水平 A^* 的,市场交易的成本会小一些,而高于临界水平的,管理成本会小一些。

厂商在两种简约形式的成本函数之间进行选择。生产成本加上市场缔约成本由下式给出

$$C^1(Q)=\min_A[C(Q,A)+M(A)+zA] \tag{6.1}$$

更多依赖内部管理的纵向一体化的生产成本为

$$C^2(Q)=\min_A[C(Q,A)+M(A)+zA] \tag{6.2}$$

由于这两种成本函数的资产专用性水平是不同的,生产的边际成本也将各异。[①] 利润最大化的厂商要使边际收益等于边际成本,从而厂商的均衡产出不等,这就要看使用了哪一种成本函数。厂商会通过选择最高水平的利润来选择其纵向一体化的程度。

机会主义的直接成本是通过再协商而产生的。只要厂商的所得大于经营的成本,他就会一直存在下去。买者和卖者只要能够通过再协商获得更大份额的厂商的准租金,他们就会有动机去再协商。这就使得厂商有了动机去将资产专用的投资水平降低到最优的水平之下。投资的减少导致生产成本的增加或产品收益的降低。因此,减少投资的效率损失构成了机会主义的一个间接成本。

格劳特(Grout,1984)的合约模型考查了机会主义的影响,他的模型探讨了资本与劳动之间的不受约束的合约所导致的后果。在格劳特的模型中,在资本已经投入到企业中去后,厂商的股东和工会开始就利润的分配进行讨价还价。厂商的投资是不可挽回的,是关系专用的资产。没有一个有约束力的合约,租金的分配只能反映厂商的收益、可逃避的成本与工

---

① 哈特和霍姆斯特龙(Hart and Holmstrom,1986)强调了这个合约套牢的形式化对合约理论的一般含义。蒂罗尔(Tirole,1986)发现,在谈判阶段上,由于信息不对称,投资不足仍会发生。贝赞科和斯普尔伯(Besanko and Spulber,1992)证明,投资的信号价值将抵消由于有限的承诺所导致的过少投资不足的动机。

人的机会成本。假如合约是有约束力的,而且对劳动的支付在资本投放之前是固定的,厂商会选择一个最优水平的投资。① 由于双方有争议的剩余尚有待投资水平来决定,所以事前的承诺会产生最优的投资。由于对劳动的支付是固定的,所以厂商会选择让边际利润等于资本成本的投资水平。假如合约是不具约束力的,那么对劳动的支付要在投资以后由讨价还价来决定。这时候,厂商会投资不足,因为分享总的收益会降低厂商投资的边际回报。

在市场上制定有约束力的合约承诺并不容易,这为厂商的合约提供了解释。格劳特的模型可以按下列方式重新诠释。假设厂商和工人在现有的基础上不能制定出关于工人服务的有约束力的合约,再假设工人变成了厂商的雇员,厂商与工人就会达成长期的工资合约。这样一来,这些合约的承诺将减轻套牢的问题,并带来增加关系专用投资的激励。这就为厂商的长期就业安排提供了一个合约的解释。

同样的方式可以将资产专用性与有限的承诺能力用于解释厂商内部生产活动的纵向一体化。假设上游厂商生产一种下游厂商使用的投入品。令 x 代表投入品的数量(或质量),并令 ω 为下游厂商支付给上游厂商的金额。上游厂商的利润等于这个金额减去生产成本 $c(x)$

$$\pi^U = \omega - c(x) \tag{6.3}$$

令 $c(0)=0$。

下游厂商承担了一个投资成本 k,假定它是不可挽回的或者是沉淀的成本。下游厂商的利润等于经营的回报 v(v 是投入品 x 和投资 k 的函数)减去向上游厂商支付的金额 p 和投资成本 k

$$\pi^D = v(x,k) - \omega - k \tag{6.4}$$

令 $v(0,k)=0$。

假设厂商之间有约束力的合约只有通过纵向一体化才是可行的。合并后的厂商的利润等于

$$\Pi = v(x,k) - c(x) - k \tag{6.5}$$

使利润最大化的产出与投资将满足最优化的条件

$$v_k(x^*, k^*) = 1 \tag{6.6}$$

$$v_x(x^*, k^*) = c'(x^*) \tag{6.7}$$

投资的边际价值等于投资的边际成本,而产品的边际价值等于生产的边际成本。

假设两个厂商同意交换产品,但无法在价格上达成一个有约束力的协议。在下游厂商做出投资 k 的决定以后,上游厂商希望协商产品的价格有机会主义行为之嫌。假如上游和下游厂商就价格和投入水平进行讨价还价。只要价格不超过现行的经营回报 v,下游厂商仍旧购买产品。至于是否购买投入品,投资的沉没成本不在考虑之中。因此,从下列条件中可以解出使两个经营利润 $[v(x,k)-\omega][\omega-c(x)]$ 最大化的价格和投入水平

$$\omega = \frac{1}{2}[v(x,k) + c(x)] \tag{6.8}$$

$$v_x(x,k) = c'(x) \tag{6.9}$$

---

① 假如 $M'(A)>0, G''(A)>0$,并且 $C_{AA}>0$,那么对于任何给定的产出 Q,能使成本最小化的资产专用性水平在更多依赖市场(成本函数1)的场合比在更多依赖内部的场合(成本函数2)会更低一些。

均衡的价格和投入水平是下游厂商沉淀成本 $\bar{\omega}(k)$、$\bar{x}(k)$ 的函数。

下游厂商要把对投资水平的依赖考虑在内。代换掉 ω，下游厂商的净利润为

$$\pi^D = \frac{1}{2}[v(\bar{x}(k),k) - c(\bar{x}(k))] - k \tag{6.10}$$

厂商选择一个投资的水平使利润最大化。因此，均衡的投资并不是最优的，这是因为厂商仅使投资边际回报的一半等于资本的边际成本

$$\frac{1}{2}v_k(\bar{x}(k),k) = 1 \tag{6.11}$$

均衡的结果 $(\bar{x},\bar{k},\bar{\omega})$ 是式(6.8)、式(6.9)和式(6.11)的解。投资的这个扭曲还导致下一阶段的投入水平 x 达不到最优。问题的根源是，两个厂商无法订立一个能将初始投资水平考虑在内的合约。

在充满机会主义的市场合约情况下，对于纵向一体化后的厂商，其产出和投资水平与均衡水平是不同的。根据假设，由于对 k 的控制需要纵向的一体化，所以，资产的专用性与有限的承诺就使扩张厂商的规模变得有利可图。扩大厂商规模的这个收益等于纵向一体化的厂商的利润与他们独立经营时的利润总和的差。

机会主义的模型意味着同一个厂商既希望控制生产 x 也希望控制使用 x 作为投入品的生产过程。这个结果是以市场协议不具有约束力为假设的。它还要求纵向一体化的厂商不再受到其他形式的机会主义的困扰，如格劳特分析的工资再谈判等。投入品生产与产出品生产的联合决定了纵向一体化厂商的边界。

6.2.4 交易的机会主义与所有制的成本的市场效率权衡

格罗斯曼和哈特(Grossman and Hart,1986)、哈特和莫尔(Hart and Moore,1990)以及哈特(Hart,1995)的研究将厂商的所有权视为解释厂商存在的工具。根据他们的理论，厂商拥有资产是为了消除合约不完全和资产专用性的影响。生产性资产的所有制改善了对互补性交易专用资本(如人力资本)的投资激励。相应地，他们把厂商的边界理解为由资产所有制的有效分配来决定的。

格罗斯曼和哈特(1986)、哈特和莫尔(1990)以及哈特(1995)提出了厂商的产权理论，试图扩展威廉姆森对资产专用性和机会主义的分析。产权理论试图解释纵向一体化，它所基于的观点是，"当合约是不完全的时候，权力来自所有制"。这个观点意味着，因为完成一个完全的因地制宜的合约是有成本的，所以，在所有制上联合起来可以节约交易成本并改善生产力。把通用汽车对菲雪博迪(Fisher Body)的收购作为标准的纵向一体化的例子，产权理论认为，合并起来的公司能够掌握控制权以更有效地共同使用资产。

将合约的承诺置于厂商内部，能够减轻合约套牢的问题，这个观点超出了配置交换利益的问题。格罗斯曼和哈特(1986)指出，控制厂商的活动还会存在另一个问题。他们给出了两个厂商的一体化模型，其中每个厂商在第一阶段作出投资决策，在第二阶段选择还要做哪些活动。第二阶段的活动对其他厂商的活动具有正面的或者负面的影响。例如，这些厂商生产的产品也许是互补的，或者是相互替代的。联合对第二阶段的活动进行控制(这可以解释为两个厂商的合并)，可以克服投资动机不足的问题。在这样的框架里，实际上假定分离的所有制不太会作出有约束力的承诺，而共同的所有制则可以产生有约束力的承诺以及联

合对厂商的活动进行控制。这样一个模型对应着两个竞争者的合并或者两个互相产生外部性的厂商的合并情况(相当于单方面的一体化)。

哈特和莫尔(1990)推广了对厂商的分析,进而考查了产权对交易专用投资效率的影响。他们考查了多个当事人的情况,其中每个人都要在人力资本上作出决策。在第二个阶段组成了合资企业来合作性地分配租金(使用沙普利(Shapley)值)。哈特和莫尔考虑了与交易专用资产投资呈互补关系的资产。他们发现,对互补性资产的所有制以及对交易专用资产的控制权如果是分离的,就会出现投资的无效率。他们证明,假如一个当事人的行为对资产的所有制非常敏感,那么由这个人拥有资产就是有效率的。哈特和莫尔得出的结论是,高度互补的资产应该被联合所有。在某些情况下,联合所有制有可能降低总的效率。

哈特和莫尔(1990)指出,由所有制所提供的一个关键的权力是阻止他人使用资产。他们认为,生产性资产的所有制,如设备或公司形象,利益转换成对人的控制。人之所以有按照所有者的利益行动的动机,是因为不然的话,所有者就可以不让他们使用生产性资产。

有些问题可以用哈特模型的例子来加以说明。假设一买者从一供应商那里采购一个单位的物品。买卖双方进行了交易专用的投资,其中 A_1 是买者的投资,A_2 是卖者的投资。买者的价值 $v(A_1)$ 随投资的增加而递增,而卖者的成本 $c(A_2)$ 随投资的减少而递减。

联合投资的最优水平使剩余最大化

$$W(A_1,A_2)=v(A_1)-A_1-c(A_2)-A_2 \tag{6.12}$$

所以,$v'(A_1^*)=1$ 和 $-c'(A_2^*)=1$ 可以解出联合投资的最优水平。

除此之外,还有两项生产性资产对产品的生产是必不可少的。这两项资产用 1 和 2 来表示。这里有 3 种可能的所有制的安排。两项资产可以均由卖者所有,可以均由买者所有,或者买者所有资产 1 而卖者所有资产 2。假定对资产的所有制安排对产品的生产没有影响。

但是,所有制的安排对买卖之间的谈判结果却有影响。原因是,假如资产不用于生产,它的所有者就可以将它卖掉。而且,资产面临的外部机会的价值取决于所有者交易专用的投资多少。假定资产 i 由所有者 j 拥有,它的外部机会的价值为 $s_i(A_j)$。假设外部的机会价值因为其所有者的交易专用的投资而增加,函数 $s_i(A_j)$ 是随 A_j 递增的。因此,外部机会的价值决定了投资 A 可收回的程度。所以,如果 A_1 和 A_2 是交易专用的投资,那么拥有互补性资产可以在不发生交易时仍然有所回报。

这里关键的假设是,买方和卖方无法在他们的投资水平和要交换的物品价格上达成有约束力的协议。在选择了投资水平之后,买者和卖者就要对价格 ω 进行讨价还价。商定的价格由纳什谈判的解决定。资产的所有制将影响每个当事人的保留价格,并因而影响对谈判剩余的分配。

对于这 3 种所有制的安排,存在着 3 种可能性。

第一,假设买者拥有资产 1,卖者拥有资产 2。这样一来,ω 可以由下式解出

$$\max_{\omega}[v(A_1)-\omega-s_1(A_1)][\omega-c(A_2)-s_2(A_2)] \tag{6.13}$$

第二,假如买者拥有两种资产,那么 ω 则由式(6.14)解出

$$\max_{\omega}[v(A_1)-\omega-s_1(A_1)-s_2(A_2)][\omega-c(A_2)] \tag{6.14}$$

第三,假如卖者拥有两种资产,那么 ω 则由式(6.15)解出

$$\max_{\omega}[v(A_1)-\omega][\omega-c(A_2)-s_1(A_2)-s_2(A_2)] \qquad (6.15)$$

很显然,每种情况下的剩余都是不同的,价格的公式也各异。在每种情况下,定价的方式取决于交易专用的投资水平,这个水平是通过价值和成本函数以及资产的外部机会价值来表现的。

买者将选择交易专用的投资 A_1,将下式最大化

$$V=v(A_1)-A_1-\omega \qquad (6.16)$$

卖者将选择交易专用的投资 A_2,以使下式最大化

$$R=\omega-c(A_2)-A_2 \qquad (6.17)$$

像上面格劳特的模型所讨论的那样,买者和卖者将实现其投资对纳什谈判结果的影响。在式(6.16)和式(6.17)里,价格 $\omega=\omega(A_1,A_2)$ 由第二阶段纳什谈判的定价公式给出。其结果是,买者和卖者所选择的投资水平取决于资产所有制的安排。

显而易见的是,在每种情况下,资产专用的投资都偏离了最有效率的水平 A_1^* 和 A_2^*。总的剩余 W 在每种所有制安排〔由式(6.13)至式(6.15)给出〕下也不同。如果对外部的机会以及交易专用的投资对买者的交易成本和卖者的成本的影响有不同的假定,那么一些不同的所有制安排就可能优于另外一些安排。而且,买者和卖者的交易所产生的剩余对资产所有制的分配变得非常敏感。

6.3 厂商的中介理论适用于集中交易的市场机制的效率权衡

前面几节我们对中介和市场微观结构的分析为厂商中介理论奠定了基础。这个理论不同于新古典的、工业组织的厂商理论,也与刚刚讨论的合约理论有差别。厂商的中介理论要解释的是,厂商为什么会存在以及厂商要执行什么样的功能。厂商的中介理论是建立在中介化的交易与直接交易的比较基础上的。如果中介化交易的净收益大于直接交易的所得,经济参与者就会创造出厂商来担当买者和卖者之间交换的中介。厂商的边界就由厂商所从事的一系列互补性的交易所决定。组成厂商的目的是执行创造性的交易活动,寻找那些能够带来最大增加值(减去交易成本)的交易。

厂商的中介理论同时也为市场如何运作以及在竞争中会流行什么样的交易机制提供一个解释。中介通过其定价和制造市场的活动来创造和管理交易制度。最有效率的微观市场结构的要求是带来扣除交易成本之后的最大的交易利益。市场的中介之间的竞争应该会提高市场机制的效率。

市场机制的效率问题实际上关心的是交易的成本与收益。从这个意义上说,中介理论不同于厂商的合约理论,后者仅仅关注如何回避交易成本。中介理论把对交易的利益也考虑在分析之中,它发现,厂商关心的是如何获得交换的利益,即消费者的支付意愿与供应商的机会成本之间的差。把已讨论的中介模型综合起来,所得到的结论是,移动运营商是创造移动支付交易机制的缔造者。

纵向一体化的决策是厂商中介理论的重要基础,但仅停留在这里是不够的。对于理解

厂商的活动而言,提供交易的服务至少与制造还是购买的决策同等重要。中介理论模型为这个问题提供了一个答案,其逻辑与交易成本的理论是一致的,并有些扩展。单个消费者购买的是最终产品和服务,而出卖的是劳动力、资源以及其他资产。如果经济当事人就像买者和卖者那样可以直接进行交换,那么就不需要厂商了。如果借助于中介而不是靠买者和卖者之间分散的、直接的交换,那么扣除交易成本之后的交易所得会更多一些。因此,在一个纯粹的交换经济中,厂商的存在也可以由中介集中交易的所得和对交易成本的节约来解释。

6.3.1 中介与纵向一体化的市场效率权衡

集中交易相对于分散交易的净收益的最大化可以说是厂商作为中介存在的理由。厂商存在的问题不同于规模、范围以及厂商的管理半径等问题。纵向一体化的决策对于决定厂商的边界依然是重要的。关于厂商对其半径的选择,有很多的解释,如削减经营成本,保障供给或流通,节约交易成本,以及出于竞争的考虑等。在本节,厂商的边界是将一组可得的交易最优化的结果。

交易成本的文献从科斯(Coase,1937)的文献开始一直认为交易是对纵向一体化的一个解释。如果一个企业家通过行使其权威可以节约使用市场的成本,那么活动就应该放在厂商内部进行。例如,若厂商自己生产零部件的成本比外面的供应商索取的价格加上与供应商打交道的成本之和还要小,那么厂商就会决定自己生产零部件。不过,正如德姆塞茨所说的那样,其实要区分市场交易与厂商的内部分配并非那么容易。

厂商制造并管理着市场交易。厂商通过买卖活动执行中介的任务。他们担当中介是因为他们能够创造扣除交易成本之后的最大的交易收益。厂商制造市场或者依赖于他人制造的市场活动,除了瓦尔拉斯的理论,想不出任何一个在买者和卖者之外存在的市场实体。由中介、买者和卖者承担的总的交易成本就是运作市场的成本。

厂商的中介理论表明,纵向一体化是要在纵向的生产过程中选择哪个阶段的问题。因此,厂商不仅仅是用他所选择的生产活动来定义的,而且是用他所选择的交易活动来定义的。厂商的边界是由其所选择的交易成本与收益决定的。

在《经济发展理论》(1934)一书中,约瑟夫·A.熊彼特(Joseph A. Schumpeter)将企业家的经济功能说成是进行"新的综合"。他讲述了把技术变革引入市场的企业家的故事。企业家将一个动力织机引入曾依赖人工的纺织业,引进这个创新设备给企业家带来了回报。即使利润的流量最终会消失,但是这个引入创造了利润。在讨论创新的回报时,熊彼特谈了很多关于厂商的决策活动。熊彼特断然摒弃了制造还是购买的决策。在谈到创新带来的"企业家利润"的时候,他问道:它现在会进入谁的腰包呢?显然是进到那些引入织机人的腰包,而不是进到发明织机人的腰包,而且也不会流入纯粹的生产者或者使用它的那些人的腰包。那些生产织机的人仅仅得到他们的成本价格,而那些根据说明书来使用织机的人开始花很大的价钱购买它,所以他们几乎没有利润可言。利润落到了那些成功地将织机引入到纺织业的人手里,或者他们仅仅生产或仅仅使用这些织机……技术是因为发现了新的获利机会而引入的,不管是为了生产还是为了使用,抑或两者兼而有之。

他进一步问道:这些人的贡献是什么?仅仅是想法和行动,而不在于具体的产品,因为他们可以买到这些东西——无论是从他人那里还是从自己那里,也不在于他们有没有钱来购买这些东西,因为他们可以借钱——从别人那里借钱或者向自己借,即从自己原来占有的所得借。那么他们到底干了些什么呢?他们没有积累任何类型的产品,他们也没有创造本原的生产工具,他们只是有所不同地、更适当地、更有优势地使用了现有的生产工具而已。

这段话告诉我们,熊彼特对企业家个性的描述隐含地摒弃了对厂商的存在和边界的一系列的解释。

熊彼特提出的论点有:①企业家不必是制造商,不管是资本设备的制造商,还是最终产品的制造商;②企业家获得的利润不是对资本设备所有权的回报,也不是对企业所有权的回报;③企业家的利润不是对产生创新研究的回报;④避开不确定性无法解释"企业家从不承担风险"。即使企业家使用自己的资金,他也要承担风险,但他是作为投资者而不是作为企业家来承担风险的。

从这个意义上说,熊彼特的竞争框架不同于交易成本的文献。厂商不必是避开交易成本、不确定性或者机会主义的机制。为避免市场交易伙伴的机会主义而占有资产的可能性也排除了。相反,企业家可以选择完全回避所有权。企业家是因为他们创造了交易,而不是因为设计了一个组织来避开交易成本而获利的。企业家的利润量是对这些创造性的交易活动的回报。为了完成这些创造性的综合,生产、购买、融资以及创新的安排是一种巧合。

熊彼特强调,交易中的创新使得厂商能够"以更小的支出来生产一个单位的产品,从而在它们的现行价格和新的成本之间制造差额"。在这里,他将"企业组织的创新以及商业综合的所有创新"都包含在内了。例如,他把"选择更新的和更廉价的生产工具的供应渠道",或者使用更廉价的和更能充分满足人们需要的产品取代原来的生产品和消费品都视为对新的供应商的发现。最后,他还把"寻找产品尚未被人接受或尚未生产出来的市场"视为企业家利润的源泉。

熊彼特的经济发展理论包容了那些仅仅复制企业家的产品和技术的非企业家型的供应商,跟随者一般只能获得正好抵偿其生产要素成本的足够回报。这并不意味着市场上只有一个成功的企业家。在一个动态的经济里,厂商的繁衍引入了企业家的创新,使得同一个市场上不同的厂商都可以是企业家。

熊彼特创造的新的综合的企业家概念与中介的概念密切相关。中介所创造的经济利润是对其交易的创新综合的回报。中介通过交易的创新而将利润最大化。中介的模型更一般化,因为它包含了厂商所创造的所有交易的制度。

在概念上,制造的功能与交易的功能是可以分开的,后者体现在买卖投入品以及制成品和服务中。斯普尔伯(Spulber,1989)正式地将"序列经济"(economies of sequence)定义成将生产的阶段合并在一个企业中所产生的成本节约。钱德勒(Chandler,1990)发现,在化学、金属以及机械等行业都因纵向一体化而节约成本,但他指出,纵向一体化也因为其他的原因而发生在一些公司中,如保障投入品的供给。

从事多种与市场相关的活动和生产性任务的制造商之所以这么做,原因是中介服务与制造相结合可以节约成本。如此多样化的厂商充当投入品的卖者和制品的买者之间的中介,借助于纯粹作为手段的生产将投入品转换成产出品,生产的目的是为了完成购买投放品并以制品成品的形式再卖出。这样一来,在概念上,生产的任务类似于零售商或批发商所从事的仓储和运输。将技术运用于生产,虽然是有价值的,但并不能解释经济的运行。相反,应当引起关注的是,厂商是怎样组织交易的。

交易成本的文献倾向于将成本最小化作为终极目标。将厂商的产量选择视为给定的,认为厂商要寻求的是运作这些产量的最小成本的方式,要选择是从外面购买还是自己生产这些必要的投入品。因此,厂商被定义成市场交易与组织活动的最小成本的结合。这种理论的前提是,市场制造是外生的。

新古典经济学的厂商在推导其成本函数时将投入品的价格视为给定的,然后将产出品的价格也视为给定的,来选择最大的产量。一个厂商如果将市场组织视为给定的,也可以想象类似的过程。对于给定的一组等待出售的产品,厂商可以将成本最小化,将外部要素市场制度视为给定不变的一般的成本函数。然后这个厂商可以利用简约的成本函数来选择产量,以使利润最大化。

但是,即使这个一般的问题所给出的看待厂商的观点也过于苛刻了。假设事先没有对厂商的产品和服务做任何说明。厂商琢磨着一组交易(购买、出售和承包)。厂商选择那些能使利润最大化的交易。买和卖的问题也许是不容易分开来的。因此,一个公司可能在地方 A 购买零部件,而在地方 B 再卖出,这要看预期的价格差是否可以超过交易、运输以及组织的成本。

厂商的纵向一体化决策是对在什么市场交易的选择,而不仅仅是一个生产决策,因为生产可以与投入品和产出品的采购分开来。制造还是购买的问题隐含地假设了用于制造的投入品是唾手可得的。为什么主要的投入品一定要比次要的投入品更容易获得呢?

考虑图 6-1 给出的一个简单的例子。一个上游厂商使用投入品 z 来生产 x。下游的厂商则使用 x 投入品来生产 q。一个纵向一体化的厂商购买 z 而出售 x。纵向一体化的厂商也可能将 x 的生产承包给另一个厂商,也可将 q 的生产承包给另一个厂商。因此,纵向一体化的厂商可以既不生产 x,也不生产 q,但仍然购买 z,出售 q。厂商要选择的是在 z 的市场与 q 的市场之间从事套利活动,还是在 x 的市场与 q 的市场之间从事套利活动。无论哪一种选择都会承担购买、交易和组织的成本。厂商要比较这两种交易的净收益大小。

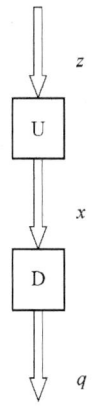

图 6-1 供应商与分配商的纵向关系

套利的机会可以出现在不同的情况下。供应商和客户可以由区位、时间、状态、信息的不对称或者需要的差别来分层。如果厂商的交易其他的成本小于消费者的支付意愿与供应商的机会成本之间的差,那么厂商就可以进行套利活动。

迈克尔·詹森和威廉·梅克林(Jensen and Meckling, 1976)说,目标和战略的制定不能归功于厂商,而应归功于人。他们的结论是,"厂商的行为就像市场的行为一样,也就是说,是一个复杂的均衡的结果"。按照他们的观点,厂商是"合约的结",是通过看不见的手系在一起的一组经济关系(见图6-1)。他们的观点是,厂商缺乏战略,厂商和市场都不过是均衡的合约集合,这显然误解了市场和厂商。

尽管"合约的结"这个词是对厂商的贴切写照,但可以相信厂商是主动地去打这个结的。厂商签订的许多合约绝不仅仅是平衡市场力量的结果。相互竞争的厂商要作出有意识的战略缔约决策。他们要选择从事什么样的现货交易,要起草什么样的合约,与谁缔约,以及协议中要包含什么样的条款。

厂商的许多客户、供应商、雇员以及投资者与厂商签订双边合约比他们彼此签订多边合约要容易得多,这肯定是对的。这与把厂商视为合约意义上的中间层的观点是一致的。但是,厂商出现的原因绝不仅仅是为了节约多边合约的成本。

厂商起草的合约都是那些公司在形成合约方面有比较优势的合约。缔约本身是厂商的贡献。凡是缔约能手的厂商都比其他厂商以及比客户与供应商之间的直接交易具有经济优势。缔约的技能以及不同合约的相对成本解释了厂商对合约的集结,这反过来又决定了组织的结构。缔约的技能包括对厂商的金融资产合约结构的选择。银行和其他金融中介集中时期不同的信贷组合。制造商要与很多供应商缔约。合约的组合是厂商竞争优势的一部分。

厂商不仅仅是一组合约,它还是交易活动的中心。现在强调的是交易活动自身,是流量,而不是厂商现有合约的存量。新的合约接连不断地制定出来,现有的合约不断地被修改和谈判,老的合约执行完了而被终止。公司是通过正规的和非正规的合约谈判来选择并集中其经济关系的。

在选择交易时,厂商必须要辨认出套利的机会,也就是说,知道哪些机会可以使客户和供应商做生意的收益大于交易成本。套利的机会可以是短暂的,也就是对消费者支付意愿的变化、供应商机会成本的变化以及竞争对手的模仿和先发制人等非常敏感。集结起一组有利的合约意味着不断去创造新的交易,即熊彼特所说的"新的综合"。

对管理案例的研究传统上是将单个的厂商作为分析的单位。厂商的组织、定价、产品、技术、客户、竞争对手以及供应商都扮演着中心的角色。案例研究运用经济模型来研究,单个的厂商必然会站在厂商的视角来考虑问题。这未必是一个矛盾。对厂商的经济分析必然要涉及对那些影响厂商市场活动的激励机制的客观分析,也要涉及对激励其管理者的机制的客观分析。同时,厂商管理者的主观观点对于理解厂商的雇员是怎样看待自己的组织结构,厂商的管理者是怎样打开市场的,以及怎样认识管制和法律对厂商活动的约束等都是重要的。[①]

[①] 厂商的这些活动经常是非常复杂的,尤其是大型企业。如果案例的理论框架需要对厂商的活动有一个全面的评论,案例研究可以是综合性的,即解释组织的设计、营销、运筹、技术、投资、就业以及单个厂商的购买决策等;或者案例研究可以针对厂商的一个非常具体的活动,如设计激励机制、引进新产品、进入一个新的市场或者对一个管制政策变动的反应等。根本的战略问题是要考查一个厂商成败的根源,从而解释为什么一些厂商比另一些厂商更成功。找到成功的一般因素肯定会令那些试图弄懂厂商的组织和发展的人感兴趣,也会令那些试图在其市场上实现成功的管理者感兴趣。考查成功的决定因素(已超出了斯蒂格勒生存法则的范围)需要理解厂商的多样性及其含义。

6.3.2 中介与机会主义的市场效率权衡

中介之所以可以降低交易成本,一个重要的原因是它担当了市场承诺的装置。作出可信承诺的厂商可以因为减少合约的机会主义而获得租金。因此,机会主义对厂商的存在提供了一种解释。只要可以通过合约的承诺来改善直接的交易,厂商就应该存在。

中介相对于直接交易的优势还意味着,相对于纵向一体化,中介可以改善结果。所以,一旦中介担当了承诺的装置,他们就需要建立组织,将交易内部化来克服合约的机会主义。无须将那些需要交易专用投资的生产活动合并到一个企业里去,独立的厂商也可以通过中介在市场上的交易来完成这些活动并克服机会主义。甚至投资是不可收回的,企业也可以求助于外部的购买,并依赖于第三方来执行采购和分配的活动。这个含义与我们在很多行业里观察到的外部购买和纵向剥离的增加趋势非常吻合。

有很多原因可以说明为什么假定中介能够提供有约束力的合约承诺是合情合理的。用他们自己的信誉来替代签约方的信誉,中介可以形成间接约束买者和卖者的合约。因为中介比单个的买者和卖者面对更大的交易量,所以就更有动机去建立遵守承诺的信誉。而且,像比格莱斯和弗德曼(Biglaiser and Friedman,1997)所说的,中介的眼界比单个的买者和卖者都要广,所以有更大的动机去维护其信誉。

另外,中介可以发展所需要的专家并专门从事起草因地制宜的合约来对付理性局限的问题。因为他们参与多种交易,所以中介对缔约技能的投资会有回报。

把厂商的存在说成是他们作出承诺的能力与厂商的合约理论是根本不相符的。威廉姆森发现,由于理性局限导致了不完全的合约,市场合约便导致机会主义。换句话说,市场交易的伙伴会利用交易投资的专用性的弱点来要求对协议进行再谈判。一旦做出了交易专用的投资,一个买者或卖者就只能与企图占有准租金的交易伙伴进行再谈判了。

中介理论采取了不同的视角。为什么要假定市场合约是没有约束力的而组织关系更稳定?假定的这个不对称性现实吗?存在着一些市场组织更倾向于作出合约承诺吗?厂商管理并拥有资产的所有权是克服承诺的问题。合约上缺乏可信的承诺与投资的不可挽回之间的不对等是合同法所关注的基本问题。尤其是在出现违约的情况下,法律意识到了保护各签约方预期的必要性。[①] 不考虑法律的担保问题,相反,主要考查在第三方有能力作出可信承诺的情况下市场的均衡是什么。

在市场上,商业的信誉促进承诺的兑现。对合约执行的独立评价,如资信评级机构所做的事情,也为遵守合约的承诺提供了激励。活得更长久的厂商存在于市场并由厂商承载信誉,是对单个买者和卖者的机会主义行为的市场回应。

现在考虑一个简单的模型来说明,一个能够作出有约束力合约承诺的中介如何诱导出买方和卖方最有效率的投资水平。假设买方和卖方各自做出了交易专用的投资。令 A_1 为买方的投资,A_2 为卖方的投资。买卖双方不能收回投资。买方的价值 $v(A_1)$ 是其投资水平的递增与凹函数,卖方的生产成本 $c(A_2)$ 是其投资水平的递减和凸函数。[②]

---

① 埃德林和赖克尔斯坦(Edlin and Reichelstein,1996)证明,固定价格合约加上法律对违约风险的保护可以导致最优的投资水平出现。

② 这个博弈是可以决定的。该模型可以一般化,将买方的支付意愿和卖方的机会成本方面的不确定性考虑进来。

假设交易专用的投资水平不为其他经济当事人所观察到。或者,它们是可以被观察到的,但如果不能独立地确认,它们仍然不能收回。接下来我们将证明,这并不会妨碍买方和卖方制定最有效的投资决策。中间层承诺标价不变的能力足以为产生最有效的投资水平提供激励。

与 6.2 节一样,最优的联合投资水平是使总剩余最大化的投资水平:$W(A_1,A_2)=v(A_1)-A_1-c(A_2)-A_2$。最优的联合投资水平可以通过下式解出来

$$v'(A_1^*)=1$$
$$-c'(A_2^*)=1 \tag{6.18}$$

假设买方希望购买,而卖方希望卖出一个单位的物品。他们必须自己选择是直接交易,还是通过中介来交易。如果买卖双方决定直接交易,那么他们可以在投资之前相互私下支付。这个博弈展开如下。

阶段 0:中介提出一个有约束力的要价 p 和出价 ω。

阶段 1:买方和卖方决定是直接交易还是接受中介的商机。如果他们未能一致同意彼此直接交易,那么他们都与中介交易。

阶段 2:买方和卖方做出交易专用的投资。

阶段 3:如果买卖双方选择了与中介交易,那么以价格 p 和 ω 成交。如果买卖双方选择了彼此直接交易,那么他们就转让价格 ω^0 进行谈判。

首先考虑阶段 2 和阶段 3 的另一种可能的结果。假如买方和卖方选择在阶段 1 以价格 p 和 ω 与中介交易,那么他们的投资水平也满足效率条件式(6.18),就是说,投资水平为 A_1^* 和 A_2^*。

设想一下买方和卖方同意在阶段 1 彼此相互交易。根据假定,他们无法在交易的价格上达成有约束力的协议。在买方和卖方于阶段 2 做出投资以后,他们在阶段 3 就交易的条件进行讨价还价。假定收益按照纳什谈判解进行划分。物品价格 ω^0 可以从下式解出

$$\max_{\omega}[v(A_1)-\omega][\omega-c(A_2)] \tag{6.19}$$

将交易的收益进行均分,所以阶段 3 的成交价格为

$$\omega^0=\omega^0(A_1,A_2)=\frac{v(A_1)+c(A_2)}{2} \tag{6.20}$$

因为预料到这个结果,所以买方和卖方会在阶段 2 选择纳什(非合作)投资水平 A_1^0 和 A_2^0,买方将选择交易专用的投资 A_1 使下式最大化

$$V=v(A_2)-A_1-\omega^0(A_1,A_2^0) \tag{6.21}$$

选择交易专用的投资 A_2 以使下式最大化

$$R=\omega^0(A_1^0,A_2)-c(A_2)-A_2 \tag{6.22}$$

均衡价格是 $\omega^0=\omega^0(A_1^0,A_2^0)$。投资的均衡水平可以由下式解出

$$\frac{v'(A_1^0)}{2}=1$$
$$-\frac{c'(A_2^0)}{2}=1 \tag{6.23}$$

因此,由于机会主义的影响,买方和卖方都投资不足。

中介不会使买方和卖方的结局变得更糟糕,但买方和卖方在直接交易的情况下却糟糕

得很。进一步讲,即使中介仅仅使买方和卖方的结局要比在直接交易情况下好,从而使后者退出直接交易的市场,但中介并不能利用其优势独吞交易的全部剩余,因为买方和卖方在做出投资之前可以进行私下的支付。买方和卖方在这种情况下至少与直接交易的结局是一样的好。

为了使利润最大化,中介选择的价格 p^* 和 ω^* 使买方和卖方在直接交易与经由中介交易之间感到没有差别

$$p^* = [v(A_1^*) - A_1^*] - [v(A_1^0) - A_1^0 - \omega^0] \tag{6.24}$$

$$\omega^* = [c(A_2^*) + A_2^*] + [\omega^0 - c(A_2^0) - A_2^0] \tag{6.25}$$

因此,均衡中,买方和卖方会选择与中介进行交易,而不再彼此直接交易。

中介的均衡利润 $p^* - \omega^*$ 正好等于由交易专用的投资更有效率而增加的交易收益,中介的回报受到没有合约承诺的直接交易的限制。中介的成本不能超过大于直接交易的那部分收益。

当考查博弈均衡时,经由中介的交易会比直接的交易占优势。这个结果意味着,纵向一体化并不是解决机会主义的唯一方式。市场的中介可以因为承诺而得到回报,而小规模的买方和卖方却无法做到这一点。中介因为可以维持其履行合约的信誉,因而能够使买方和卖方的投资更加有效率。

中介向客户和供应商标明价格可以解决直接交易中可能出现的承诺。由于回避了再谈判的问题,买方和卖方可以获得投资的全部边际回报,因而消除了因为分享边际回报而产生的投资不足的动机。相应地,厂商的出现也是为了解决机会主义的问题。在中介的模型里,厂商并不是通过纵向一体化来实现对投资的内部控制,进而解决机会主义问题的,相反,厂商是通过向客户和供应商提供了更可信赖的价格来对付承诺问题的。中介的标价不仅清了市场,还配置了物品和服务,它们也使投资的决策更有效率。

6.3.3 *中介与产权的市场效率权衡*

由格罗斯曼和哈特(1986)、哈特和莫尔(1990)以及哈特(1986)发展起来的厂商理论的产权方法涉及资产的专有性和不完全合约。他们强调,厂商有必要将资产的所有权集中起来,从而获得资产的回报以及行使对投资的控制。

因此,产权方法认为,资产的所有制是对厂商的存在和厂商边界的解释。这个观点与熊彼特所强调的所有制与企业家不相关的观点是截然不同的。产权的观点也与科斯(1960)在其论文《社会成本的问题》中提出的论点不同。科斯认为,只要私人能就外部性进行讨价还价并且没有交易的成本,那么产权归属谁是无关紧要的,因为私人的讨价还价总是可以达成有效率的结果。科斯的论点在"法和经济学"领域发挥着中心的作用。

一旦私人的讨价还价不能取得有效率的结果,那么科斯的产权中性论就不再成立。假设私人的谈判产生了没有效率的结果,那么,改变产权的分配一般而言会影响讨价还价所产生的资源配置结果。但是,如果私人的讨价还价不能达成有效率的结果,中间层可能发挥经济的重要作用。

厂商的中介作用通过降低交易成本可以克服私人讨价还价的无效率。如果凡是当事人

遇到交易成本的地方都有中间层出现，那么就有必要考查一下产权对经由中间层的交易的影响。

其他原因不说，单单就不可收回的投资会导致机会主义而言，私人就无法实现有效率的结果。假如中介可以作出可信的价格承诺，那么，他们就可以减轻机会主义的问题。在这一节，我们要考查价格的承诺是否足以使产权分配的中性论再度成立。

对于经由中介的交易来说，假如产权是中性的，那么就恢复了科斯原来的思想。① 假如由于交易成本的原因中性论并不成立，但交易成本的存在为中介进入市场带来了激励，那么我们就要用中介来检验中性论。

在资产所有权模型里存在两种生产性的资产，用 1 和 2 来编号，对生产来说，两者不可缺一。每个所有者做出互补性的交易专用的投资，比如对人力资本的投资，这种投资与生产性资产是不同的。就所有者 j 的交易专用的投资来说，函数 $s_i(A_j)$ 则代表资产 i 的外在机会价值。投资 A_1 和 A_2 是交易专用的，这是因为拥有这个互补性资产可以在交易未发生时获得回报。假定对资产的所有制安排对物品的生产没有影响。

有 3 种可能的所有制安排：两种资产均归卖方所有，两种资产均归买方所有，或者买方拥有资产 1 而卖方拥有资产 2。所有制的安排会影响买方和卖方之间直接的讨价还价。

在这里要考查后一种情况，即买方拥有资产 1 而卖方拥有资产 2。对另外两种情况的分析是类似的。需要证明资产所有制的分配对效率没有影响。尤其是在所有 3 种情况下，经由中介的交易都是有效率的。

再考虑这个多阶段的博弈，其中中介能够令人置信地对要价和出价作出承诺。

阶段 0：中介给出要价 p 和出价 ω。

阶段 1：买方和卖方决定是与当事人直接交易还是接受中介提出的条件。假如他们不同意彼此相互交易，那么他们都与中介交易。

阶段 2：买方和卖方做出交易专用的投资。

阶段 3：如果买方和卖方都选择与中介进行交易，那么交易按 p 和 ω 成交。假如买方和卖方选择了彼此相互交易，那么他们要就转让价格 ω^0 进行谈判。

设想一下买方和卖方选择了直接的交易。这样一来，在阶段 3，买方和卖方就要为转让价格而讨价还价。② 对于买方拥有资产 1 而卖方拥有资产 2 的情况来说，转让价格 ω^0 可以从纳什谈判问题中解出

$$\max_{\omega}[v(A_1)-\omega-s_1(A_1)][\omega-c(A_2)-s_2(A_2)] \tag{6.26}$$

均衡价格为

$$\omega^0=\omega^0(A_1,A_2)=\frac{1}{2}[v(A_1)-s_1(A_1)+c(A_2)+s_2(A_2)] \tag{6.27}$$

---

① 因供给信息不对称而出现的交易成本会影响私人谈判的效率。
② 回想一下，假如买方拥有两种资产，那么从下式可以解出 ω^0
$$\max_{\omega}[v(A_1)-\omega-s_1(A_1)-s_2(A_1)][\omega-c(A_2)]$$
假如卖方拥有两种资产，那么从下式可以解出
$$\max_{\omega}[v(A_1)-\omega][\omega-c(A_2)-s_1(A_2)-s_2(A_2)]$$

因此,假如买方和卖方直接交易,交易专用投资的均衡水平则分别将 V 和 R 最大化

$$V = v(A_1) - A_1 - \omega^0 \tag{6.28}$$

$$R = \omega^0 - c(A_2) - A_2 \tag{6.29}$$

交易专用投资的均衡水平则从下式解出

$$\frac{1}{2}[v'(A_1^0) + s_1'(A_1^0)] = 1 \tag{6.30}$$

$$\frac{1}{2}[c'(A_2^0) + s_2'(A_2^0)] = 1 \tag{6.31}$$

显然,投资水平并不都是有效率的,这是因为它取决于投资的外在机会价值。

换一种假设,如果买方和卖方在阶段1选择通过中介并按照价格 p 和 ω 进行交易。那么,投资的外在机会价值在投资决策中就无须考虑了,因为不会再发生事后的讨价还价问题。其结果,他们的投资水平就满足下列的效率的条件了

$$v'(A_1^*) = 1$$
$$-c'(A_2^*) = 1 \tag{6.18'}$$

不管产权的分配如何,都可以得到同样的结果,因为在经由中介交易时,资产的外在机会价值并不影响投资的决策。

中介通过利润的最大化来选择价格 p^* 和 ω^*,使得买方和卖方在直接交易和经由中介的交易之间正好感到无所谓,价格为

$$p^* = [v(A_1^*) - A_1^*] - [v(A_1^0) - A_1^0 - \omega^0] \tag{6.24'}$$

$$\omega^* = [c(A_2^*) + A_2^*] + [\omega^0 - c(A_2^0) - A_2^0] \tag{6.25'}$$

投资的外在机会价值通过直接交易的转让价格 ω^0 进入了均衡价格。因此,中介选择的均衡价格取决于产权的分配。换句话说,资产所有权的分配的确影响租金的分配。但是,它并不影响在经由中介交易时的投资的效率。

中介的价格差等于经由中介的交易所带来的效益

$$P^* - \omega^* = [v(A_1^*) - A_1^* - c(A_2^*) - A_2^*] - [v(A_1^0) - A_1^0 - c(A_2^0) - A_2^0] \tag{6.32}$$

中介的回报受到直接交易机会的制约。因为3种不同的所有制安排影响着直接交易情况下的投资水平,因此,每种所有制的安排将导致不同的效益。所以,中介的利润在3种所有制的安排下是不同的。

经由中介交易的效率表明,所有权的整合并不是厂商存在的唯一解释。只要中间层可以作出可信的价格承诺,买方和卖方是可以拥有生产性资产并作出有效率的投资选择的。中介的价格承诺实现了科斯所说的产权分配的中性论。其含义是,当厂商可以作出有约束力的价格承诺时,要决定厂商的组织边界或资产所有权的分配,仅避免机会主义是不够的。

资产所有制的中性论与同一个行业内所存在的资产所有制的多样性是一致的。在同一个行业内,公司在自己所有、租赁和其他合约安排之间进行选择。在美国的经济里,外部购买比重的上升更进一步意味着,厂商对市场交易的决策不必完全由拥有生产性资产的需要来决定。

6.4 中国移动支付市场机制的效率权衡

市场的经济机制与厂商行为的基本特征是密不可分的。假如厂商是新古典经济学的价格承担者,市场必须由一个观察不到的瓦尔拉斯拍卖人来出清。假如厂商是工业组织模型中寡头的价格制订者,市场是通过伯特兰价格竞争来出清的。假如厂商如合约理论所说的那样是交易成本的最小化者,那么,所出现的市场机制应该是那些比别的组织形式更廉价的机制,尽管决定市场机制效率的因素还有待说明。厂商中介理论对厂商存在所提出的解释与他的市场机制是一致的。厂商的出现是为了执行创造性的交易。只要能够找到收益大于厂商及其交易伙伴成本总和的交易机会,厂商的出现就有利可图。厂商因找到了增进交易利益或者降低交易成本的途径而获利。通过这些活动,厂商创造并管理着市场。厂商的中介理论并不依赖于生产。考虑一个纯粹的交换经济,如果人数不多的消费者交换数量有限的产品和服务,可以想象得出,这里不需要厂商。消费者让彼此相遇并不困难,他们可以就交换的条件进行讨价还价。

在中国移动支付市场中存在着很多作为消费者的移动用户,那么纯粹交换经济的移动支付市场机制就会变得复杂了。要找到合适的交易伙伴可能相当困难,这就产生了搜寻成本。交易伙伴的情况怎么样并不清楚,而且与多个交易伙伴讨价还价需要花很多时间。资源要达到有效率的分配需要每个用户与很多用户进行交易,从而增加了交易的成本。有了很多的用户,信息的沟通反而会变得格外困难,结果交易的条件在不同的交易之间就可以不同了。

虽然移动支付市场没有生产,但是这个纯粹的交换经济可以产生复杂的交易,而且交易也未必局限于现货交易。交易所需的双重巧合问题仍会出现。移动用户可以借入或借出商品来熨平交易的波动,尤其是并不是所有的商品都随时可供消费。假如用户的初始收入或偏好容易受到外部震荡的冲击,也许他们希望达成一个因地制宜的合约(如保险合约)。用户在协商合约的条款和监督合约的执行方面还要承担时间的成本。

在移动支付这个纯粹交换的框架内,在搜寻、谈判、沟通、计算、缔约以及监督中存在的正常摩擦意味着,移动用户之间的均衡交易并不能获得交易的全部潜在利益,不管这个均衡怎样定义。换句话说,在直接交易的均衡机制中,商品的分配至少与不摩擦的情况相比不是帕累托最优的。用户之间的边际替代率是不相等的。由于存在交易的摩擦,某些商品甚至无法交易。因此,直接交易的交易成本造成的结果是,能够增加每个用户利益的商品分配的潜在市场空间是存在的。

这就为移动运营商作为中介的创造性交易带来了获利的机会。这些交易能够实现那些在直接交易时无法获得的交易利益,形成由移动运营商来集中交易,为充当物品与服务的买方和卖方担当交易的中介。确实,在目前的中国移动市场中移动运营商在用户与SP之间担当中介,也在SP与SP之间担当中介。

6.4.1 移动运营商通过协调交易提高市场机制的效率

移动运营商为其用户和 SP 协调交易。这意味着移动运营商不仅要承担执行交易的成本,包括记录、运行支付体系以及提供集中交易的平台,而且要承担沟通成本,包括与用户和 SP 沟通价格和产品信息的成本。

寻求交易的买卖双方要承担搜寻成本。这些是时间的成本和发现交易伙伴的交易成本。搜寻成本也包括收集和处理交易伙伴情况信息的成本,这些情况包括区位、产品的质量、价格水平以及合约的条款。中介因为提供了更容易甄别的交易伙伴,所以降低了搜寻的成本。即使中介与其他的交易者是不易区分的,他们在市场上的出现也会增加潜在的交易伙伴,因而也会降低搜寻的成本。

移动运营商的中介服务是通过协调用户与 SP 的交易而产生的。用户不需要直接与 SP 打交道,这样就节约了市场双方搜寻和沟通的成本。相反,用户和 SP 可以去移动运营商提供的集中交易平台。如果建立这些集中化的交易平台的成本是固定的,那么集中交易就可能存在着规模经济。而且,集中交易也可能产生积极的网络外部性。集中的交易平台节约了营销渠道的成本,否则,还需要另外花费额外的成本去建立用户与 SP 之间的这些渠道。图 6-2 描述了这个情况。假设有 3 个移动用户和 3 个 SP。然后,在分散化的交易情况下,需要 9 个销售渠道才能将用户和 SP 联系起来。有了移动运营商作为中介参与交易,只需要 6 个渠道就可以了,见图 6-3。一般来说,若有 N 个用户、M 个 SP,每个销售渠道的成本为 K,那么,移动运营商的参与可以减少的交易成本为 $[NM-(N+M)]K$。

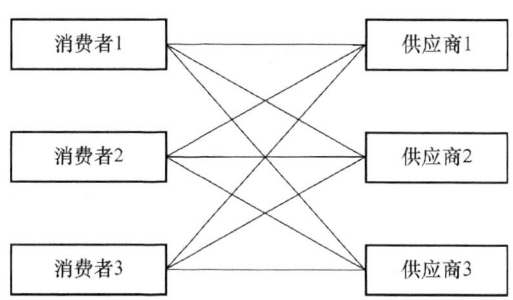

图 6-2 没有中介的分散的交易

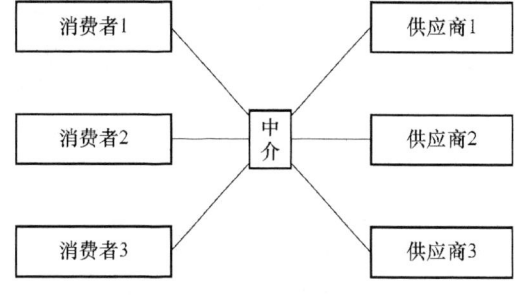

图 6-3 有中介的集中的交易

汤林(Townsend,1978)没有区分买方和卖方,将市场定义成"当事人最小的集合,集合中的每个人与集合的其他人打交道,但集合之外没有当事人"。令 N 为市场上的当事人的人数,而 Z 为双边交易的数量。这样一来,双边交易的数量范围由下式控制

$$N-1 \leqslant Z \leqslant \frac{N(N-1)}{2}$$

每个参与者都可以成为中介,汤森考虑了一个经济的核,其中风险规避的当事人具有相同的资本数量以及相同的技术。每个双边交易都具有一个成本。经济参与者通过中介进行交易,可以合作性地降低交易成本。在核的配置中,正如汤森所指的下限 $N-1$。参与者也许可以排队,每个人与身旁的人去交易,或者参与者按照金字塔形式排列,以便存在多个中介。因此,不同的市场结构机制都可以达到双边交易数量范围的下限。

6.4.2 移动运营商提供潜在交易的条件提高市场机制的效率

除了协调交易以外,移动运营商的参与还为了发现交易的条件。移动运营商可以为用户和 SP 设计市场机制,以便使各自都能表露出真实的支付意愿和机会成本。移动运营商制订出价和要价,既为了使利润最大化,也为了平衡供求。选择和调整价格是一个有成本的过程,它包含着收集和处理信息以及评价用户和 SP 对价格的反应。移动运营商通过用户市场调查、对销售数据的统计分析以及营销研究来获得需求的信息。同时移动运营商通过行业的体验、展销会以及市场研究来获得 SP 的信息。而且移动运营商必须计算其竞争者的价格以及竞争者可能提供的产品或服务,所以定价是竞争策略的一个根本要素。因而,价格信息必须要通过广告、商品目录册传递给交易双方。标价和改变价格要承担菜单成本,就像餐馆要承担印制其菜单的成本一样。

对买卖双方来说,标价相对于分散交易而言可以降低交易成本。假如一个用户搜寻的时间成本高,那么他可以付钱给中介来避免在分散市场上的搜寻。一旦能否找到合适的交易伙伴是件不确定的事,那么用户也会付钱给中介以避免这个风险。类似地,因为支付意愿和机会成本是私人信息,那么分散化的谈判会出现什么样的交易条件在谈判开始之前是不知道的。在这种情况下,买卖双方也会付钱给中介以避免有风险的谈判。

买方会因为受到卖方的数量配给而承担交易成本。这些成本包括物品和服务不能及时获得而消耗的时间成本,以及进一步寻找别的渠道的成本。后者包括持有存货的储存与设备成本。中介因为提供了制造市场现成的服务,因而可以减少这些交易成本。相对于分散的市场而言,为市场提供流动性或者中介服务可以降低交易成本。由于中介同时面向很多买者和卖者,中介的出现分散了风险,从而达到节约交易成本的目的。而且,中介可以持有现金和物品的存量,而要做到这一点对单个的买者和卖者来说成本太高了。可以不让买者和卖者经受数量配给的风险,所以买者和卖者就可以降低预防性的采购或销售了。

移动运营商作为中介通过平衡采购和销售来出清市场,不仅如此,移动运营商可以调整它们的定价和广告来减少过剩与短缺的影响。

6.4.3 移动运营商克服逆向选择和道德风险提高市场机制的效率

如果能克服逆向选择和道德风险问题,移动运营商就可以增进交易的效率。信息的不对称有可能造成没有效率的交易。中介理论证明,移动运营商通过合约的设计以及降低缔

约与监督合约实施的成本,可以改进移动支付市场交易的效率。

一旦观察交易伙伴的情况是有成本的,歪曲信息的动机就会存在,合约就会受到逆向选择问题的困扰。移动运营商作为中介有很多办法可以把事情变好。移动运营商可以利用定价以及其他合约的条款(如要求信贷质押)来筛选 SP。因为要同时做很多交易,所以移动运营商对那些用于评价产品质量与绩效的专业技能或设施的投资(这些可以减少信息的不对称)是会有回报的。进一步而言,因为中介的生命力更长,要设计很多交易,所以移动运营商比个别 SP 有更大的信誉回报,因而移动运营商鉴定移动市场中 SP 提供的各种产品和服务的质量是有利可图的。移动运营商通过为买方和卖方提供信息,可以降低不确定性以及增进交易的期望收益。移动运营商也因为克服逆向选择问题而有所回报。通过监督 SP 的行为,移动运营商可以改进产品或服务的质量。

移动运营商是被授权的监督者,它设计合约来监督 SP 的道德风险。作为剩余索取人,中介的存在可以克服团队中的道德风险。因为中介的生命力更长,建立信誉有利可图,因而他们具有作出可信承诺的激励。这就使得中介能克服买方和卖方的机会主义行为。移动运营商作为中介对价格和平共处其他合约条款的承诺,使用户和 SP 选择更有效的交易专用的投资变得可能。

6.4.4 移动运营商成为中介的市场机制的效率权衡

很多经济学家对市场效率问题都有很多观点。这些经济学家不仅众说纷纭,而且他们的观点有些相互矛盾,因而在效率分析的理论框架上还没有统一的结论,本章根据移动支付市场的微观结构,提出建立一种激励相容的市场机制,从而可以由交易参与者自主选择效率高的交易方式,因而使总的市场机制的运行更有效率。如图 6-4 所示,如果无中介的直接的分散交易有效率,就选择买方到卖方的直接的分散交易;如果有中介的间接的集中交易有效率,就选择通过移动支付的间接的集中交易,这样激励相容的机制最终实现总的市场效率。

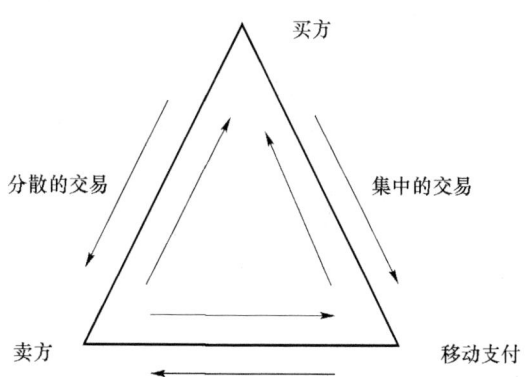

图 6-4 中国移动支付市场的微观结构

在移动支付市场机制中,移动用户面临的最关键的问题是:是直接交易还是通过中介来交易。直接交易也好,通过中介交易也好,都有交易成本。

假设某个直接交易给买方带来的价值为 V^D,而卖方承担的机会成本为 C^D,交易成本 T^D 由双方分担。由中介完成一对交易给买方带来的价值为 V^I,卖方承担的机会成本为 C^I,交易成本由买者、卖者和作为中介的移动运营商共同承担,总的交易收益等于 T^I。中介的

交易如果能提高交易的净收益(即市场效率),交易就应该由中介来执行
$$V^D - C^D - T^D < V^I - C^I - T^I$$

这个分析很容易一般化到多个买方和卖方的情况。

假如两种类型的交易带来的收益是相同的,$V^I - C^I = V^D - C^D$,那么,如果中介的交易成本较低,交易就应该由中介来执行
$$T^I < T^D$$

这些考虑决定了在移动市场中买方和卖方何时直接交易,何时通过中介交易。在直接交易和经由中介交易都存在的市场上,对于能带来相同的交易收益的交易活动来说,交易的两种形式在边际上相等。

如果直接交易和经由中介的交易承担的交易成本相同,$T^I = T^D$,那么经由中介的交易只有在能提高交易净收益的条件下才能发生
$$V^D - C^D < V^I - C^I$$

为什么中介的交易能创造更高的净收益就是提高市场效率呢?这种情况的发生只有在中介能创造出更好的交易时才是可能的,例如,作为中介的移动运营商能提供一种定价和合约的服务,使得要交换的物品或服务提高了买方的支付意愿或者降低了卖方的机会成本。

移动运营商作为中介的参与可以改进买方和卖方之间的信息沟通,因而克服了信息的不对称。移动运营商因为具有更好的承诺能力,因而可以使买方和卖方进行更多交易专用的投资。由于移动运营商参与了许多交易,从而可以获得更多的市场信息,移动运营商因而可以知道哪些物品和服务能更好地反映买方的偏好或卖方的生产可能性。

移动运营商作为中介根据他们期望获得的交易收益的份额来寻求最好的交易活动。移动运营商的所得取决于买方的支付意愿与卖方的机会成本之间的差(扣除交易的成本)。随着交易者寻求最好的交易,最后的结果是将扣除交易成本之后的交易净收益最大化。在考虑了交易成本以后,不仅产生了最好的组织边界,而且产生了有效率的市场机制,所以,移动运营商作为中介的参与取决于经由中介的交易是否有比较优势,这是这个市场效率的权衡条件。

为了对付机会主义行为而对交易专用的资产行使控制权,并不是对移动运营商作为中介的业务边界的一种充分解释。假如 SP 和移动用户不能在直接交易中作出可信的承诺,除了合并以外还有别的方式来执行交易。如果移动运营商不能作出可信的价格承诺和合约条款的承诺,那么 SP 和移动用户还可以借助另外的独立第三方来交易。移动运营商作为中介的参与,只有在他所带来的交易的净收益不仅大于直接交易的收益,而且大于买卖双方合并的收益时才发生。

同时,为了获得互补性投资的回报,以生产性资产的所有权归并在移动运营商内部,也不足以解释移动运营商作为中介的参与。如果 SP 必须做出互补性投资,如人力资本的投资,那么这些投资将影响资产的外在机会价值,而资产的外在机会价值又将影响直接交易的收益。但是,SP 的合并同样也不是解决互补性投资问题的唯一途径。外在机会的影响在经由移动运营商的交易中是不存在的。当移动运营商可以作出可信的价格承诺和合约条款的承诺时,所有权在买方和卖方之间的分配不会影响投资的动机。移动运营商承诺的可信性将给买方和卖方进行有效率的投资带来激励,从而提高经由中介交易相对于直接交易的价值。不仅如此,通过合并来集中资产的所有权不仅会招致组织的成本,而且也会丧失灵活

性。更可能的情况是,所有制的安排在行业内是大不相同的。

像移动运营商这样专家型的中介有能力对价格和合约作出可信的承诺。因为要与很多买方和卖方打交道,要在很多市场上或者在很多时期做生意,所以移动运营商便可以因为遵守信誉而得到回报。就因为移动运营商要与许多买者和卖者做生意,所以移动运营商更可能通过标价和普通合约的方式来经营,而不会与单个的买方和卖方进行机会主义的讨价还价。收集单个买者和卖者的信息是有很高成本的,这说明移动运营商会遵守合约的条款,而不会去调整这些条款,以达到捞到单个买方和卖方的准租金的目的。而且,改变价格的菜单成本也会增加移动运营商的承诺能力。

综上所述,因为集中和管理了移动市场中的交易活动,移动运营商的参与减少了移动支付市场的买方和卖方的交易成本。因为集中了信息和建立了信誉,移动运营商的参与克服了移动支付市场中的道德风险和逆向选择问题。因为有承诺的能力,所以作为中介的移动运营商削弱了市场的机会主义,并减少对生产性资产的获得,改善了市场的效率,因而提供了除在组织内部配置资源之外的另一个途径。

第7章 中国移动支付的未来市场机制

移动支付是信息技术革命产生的新的支付方式。移动支付凭借其高速的通信能力、庞大的用户资源以及成本优势,已经逐渐渗透到传统金融支付市场中。移动用户可以直接用手机在很多市场上进行支付。这就产生了一个问题,即从金融市场的商业模式角度来看,在信息化时代,移动支付这样的新兴支付方式与传统金融中介支付的关系问题。移动支付是否能全部替代传统金融中介支付业务?中国移动支付的未来商业模式是排斥传统金融中介,还是兼容传统金融中介?我们必须承认,移动支付将削减金融中介支付市场的份额,改变传统金融中介的组织结构。但是移动支付的未来商业模式更倾向于与传统金融中介机构合作提供支付业务。

本章运用杨小凯的劳动分工网络的超边际分析方法,预测了中国移动支付的未来市场机制:同时并存两种交易模式,其一是买卖双方直接通过移动支付独立完成交易,其二是买卖双方之间不仅通过移动支付,而且还要与其他信用中介(商业银行)合作完成交易。本章首先分析移动支付在大额支付过程中将面临巨大的支付风险,然后归纳传统金融的不可替代的优势,最后的结论是移动支付与金融支付合作是社会分工发展的大势所趋。

7.1 移动支付在大额支付过程中将面临巨大的支付风险

移动支付具有便捷的优势,同时也存在着较高的违约风险。普通移动用户的每月消费一般不超过1 000元。如果用手机购买商品或服务,每次不超过100元,每月累计不超过1 000元的小额支付,移动支付风险就可以很容易地克服。相反,如果用手机大额支付,支付风险就会急剧扩大到影响该市场正常运行的程度。例如,如果购买1 000元以上的商品或服务,移动用户买完商品然后拒不支付手机费,或者干脆再申请一个新的手机号,就是从经济学理论上说的理性行为了。

移动支付的优势在于贷记支付,而在我国,由于在传统经济体制下,个人信用是以企业信用为表征的,而企业信用是以国家信用为后盾的,国有银行同国有企业之间的债权债务关系又是同一所有者的不同代理人之间的经济关系,由此导致的主体产权不明使得独立的信用主体身份难以平等,进而导致个人信用观念淡薄,加之社会上一些不法分子的非法信用活动,严重阻碍了个人信用观念的建立。

信用立法几乎是空白的。我国目前的担保法没有对消费信贷做相关规定。各家银行的有关规定缺乏统一性、权威性及可操作性。有关信用制度的相关法律几乎是空白的,信用活动无法可依,信用经济活动中各环节的操作没有明确的操作规则及法律规范与保证。市场上缺乏消费信贷中介机构,缺乏有效的为银行提供风险保障的变现市场,风险转嫁机制不健全。这些制约因素限制了先消费后付款的贷记支付方式的发展。

如果为了避免巨大的支付风险,借鉴传统金融中介的模式大力发展借记方式,不仅增加移动支付的成本,而且受到金融管制的限制。因为借记方式是先存款后消费,而我国的存款性质的金融机构受着非常严格的金融管制,目前尚没有法律允许电信运营商可以大规模经营涉及存款性质的各项业务。

7.2 金融支付的不可替代的优势

虽然传统金融支付在不断受到移动支付等新信息技术革命产生的各种新型支付方式的挑战,其支付市场的确在被新型支付方式不断蚕食,但是传统金融中介机构(例如商业银行)在支付市场上不仅有丰富的市场经验,更有一些商业模式上的独到优势。

首先,传统金融中介机构具有得天独厚的政策优势,可以做存款性质的借记支付业务。这在我国金融市场发展尚不健全的现实中至关重要。这样可以在中国特殊的国情下,采用最低的成本成功地避免巨大的支付风险,开展大规模的支付业务。

其次,金融中介机构可以提供身份验证、清算和结算等多项服务,以确保支付市场中交易的顺利进行。由于买卖双方可以轻而易举地在网络空间里改变自己的身份,而目前又没有一种成形的方式来证实他们的真实身份,所以金融中介机构在这个环节中起着至关重要的作用。

最后,在供需极度不平衡、市场不能充分发挥作用时,传统金融中介机构的作用也会显现出来。市场失衡时有发生,导致市场上交易价格的剧烈振荡。这也就是理论上所说的市场流动性问题。总的来说,市场规模越大,流动性就越好。但是,在那些流动性相对较差的市场中,买卖双方若想迅速完成交易就必须支付高昂的价格。而金融中介则可以给市场提供流动性,保证市场价格的连续性。

7.3 移动支付与金融支付合作是社会分工发展的大势所趋

尽管在现实中,移动支付与传统信用中介的合作比较缓慢,但是这是社会分工发展的大势所趋。杨小凯的超边际分析的新框架将专业化经济、分工和经济组织结构引入经济学的核心部位。于是借助这个分析框架不仅可以分析信息不对称产生的内生交易费用,而且也可以分析信息不对称经济以及信息不对称之经济与不经济间的两难冲突。本章用杨小凯的专业化经济与交易费用之间的两难取舍的超边际分析框架来说明,现阶段非完全分工的移动支付的市场微观结构的经济组织结构为何得以流行,而且未来阶段将是完全分工的移动支付的市场微观结构。

分析一个用手机支付两种商品的简单的对称模型。在杨小凯的超边际分析框架中使用一个生产函数系统和一个禀赋约束,以把握生产力和可用资源多少对经济组织模式的依赖关系。假设可用资源多少只由社会掌握的知识和个人可用的时间所决定。而且社会掌握的知识由分工水平内生决定。通过把迂回生产经济与交易费用之间的两难选择形式化使中间产品种数内生化。如果交易效率极低,则移动运营商处于自给自足的状态,全部移动支付业务由运营商自己提供,因为移动支付与金融支付合作(通常是商业银行)的交易费用超过了专业化经济,以致移动运营商不得不独自提供所有的最终服务和中间服务。

随着分工的演进,移动支付可以引入商业银行作为信用服务的金融中介服务,形成迂回生产活动。在超边际分析框架中的生产系统与新古典的生产函数和禀赋约束的不同之处:前者是生产-消费者,后者是企业;前者包括一项适合每个人的时间禀赋约束,但没有其他任何禀赋约束;前者劳动生产率由个人的专业化水平决定。

对每个移动用户(消费-生产者),设定如下一组生产函数和时间约束

$$x_i + x_i^s = l_{xi}^a, \quad y_i + y_i^s = l_{yi}^a, \quad l_{xi} + l_{yi} = L \tag{7.1}$$

式中下标 i 表示移动用户(消费-生产者), $i = 1, 2, \cdots, M$, M 为移动支付市场中的移动用户数,假设 M 很大; a 表示参数; x_i 是 i 通过手机支付交易的一种商品数量; y_i 是通过手机支付交易的另一商品的数量; x_i^s 是 i 用手机通过商业银行支付交易 x 的数量; y_i^s 是 i 用手机通过商业银行支付交易 y 的数量; $x_i + x_i^s$ 是 i 的交易 x 的总数量; $y_i + y_i^s$ 是 i 的交易 y 的总数量; l_{ji} 是 i 用手机支付交易商品 $j = x, y$ 的时间;一个移动用户使用手机支付交易的总时长为 L。称式(7.1)为生产系统,它由若干生产函数和一项消费-生产者的时间禀赋约束组成。

令 $X_i \equiv \dfrac{x_i + x_i^s}{l_{xi}}$ 表示 i 用手机支付交易商品 x 的交易效率; $Y_i \equiv \dfrac{y_i + y_i^s}{l_{yi}}$ 表示 i 用手机支付交易商品 y 的交易效率。令 $L_{ji} \equiv \dfrac{l_{ji}}{L}$ 表示 i 用手机支付交易商品 l 的专业化水平。运用这些表达式并整理式(7.1),可以将一种用手机支付商品的交易效率表示为一个移动用户的专业化水平的函数

$$X_i \equiv L^{a-1} L_{xi}^{a-1}, \quad Y_i \equiv L^{a-1} L_{yi}^{a-1}, \quad L_{xi} + L_{yi} = 1 \tag{7.2}$$

当商业银行参与提供移动支付业务时,移动运营商的专业化水平提高。式(7.2)中,如果 $a > 1$,则生产系统显示出专业化经济,即移动运营商提供支付服务的交易效率因为商业银行的参与而提高;如果 $a < 1$,则生产系统显示出专业化不经济,即移动运营商提供支付服务的交易效率因为商业银行的参与而下降;如果 $a = 1$,则生产系统显示出专业化报酬恒定,即移动运营商提供支付服务的交易效率与商业银行参与移动支付业务无关。参数 $a - 1$ 标志由商业银行参与提供移动支付业务时,移动运营商提供的移动支付业务的专业化水平。

专业化水平和专业化种数是分工水平的两个方面。在多数情况下专业化的分工是提高交易效率的,即假设 $a > 1$,还需解释一个问题,如果商业银行参与移动支付会提高交易效率,而为什么现阶段没有商业银行参与的移动支付会长期存在?还是运用杨小凯的超边际分析框架进行分析,通过专业化经济与交易费用间的两难选择来说明。

假设这两种商品通过商业银行支付的交易量分别为 x^d 和 y^d,而且通过商业银行支付交易量的 $1-k$ 部分在买卖交易时,因商业银行参与增加的交易费用而消耗。于是当一个移动用户用手机通过商业银行支付交易 x^d 和 y^d 时,他得到的是 kx^d 或 ky^d。交易费用系数 $1-k$ 表示为实现交易所必须的全部费用。这些费用取决于交易技术、制度安排以及城市化。在本章中,交易费用系数 $1-k$ 是外生给定的。

对于所有移动用户(消费-生产者)来说,偏好是等同的,并可用效用函数表示

$$u_i = (x_i + kx_i^d)(y_i + ky_i^d) \tag{7.3}$$

式中 x_i 和 y_i 分别为这两种商品通过手机支付的交易量；kx_i^d 和 ky_i^d 分别为 i 用手机通过商业银行支付的这两种商品的交易量。$x_i + kx_i^d$ 和 $y_i + ky_i^d$ 分别为 i 通过移动支付交易的这两种商品的总交易量。我们设定多样化消费偏好可以用一个准凹效用函数表示。

现在求解这些组态的角点解。

① 自给自足组态

用 A 表示自给自足的市场结构，即移动运营商自己作移动支付的现阶段市场微观结构的机制。组态 A 是 $x^s = y^s = x^d = y^d = 0$ 以及 $x, y, l_x, l_y > 0$ 给出的零与非零变量组合。选择组态 A 的移动用户，他用手机交易的全部商品都只通过移动运营商所提供的相应服务，令式(7.1)和式(7.3)中的 $x^s = y^s = x^d = y^d = 0$，并将式(7.1)代入式(7.3)，则组态 A 的决策问题由

$$\max_{l_x} : u = l_x^a (1 - l_x)^a$$

给出，式中已用式(7.1)和式(7.3)得到了 $u = xy = l_x^a l_y^a = l_x^a (1 - l_x)^a$。由一阶条件 $\dfrac{du}{dl_x} = 0$，得出组态 A 的角点解为

$$l_x^* = l_y^* = 0.5, \quad x^* = y^* = 0.5^a, \quad u_A = 0.5^{2a} \tag{7.4}$$

式中 u_A 为组态 A 的移动用户的人均真实收入。

② 专业化分工组态

用 D 表示分工的市场结构，具体包括 (x/y) 和 (y/x) 的组合，即商业银行参与移动支付的未来阶段市场微观结构的机制。由于对称性，只求其一的角点解即可。

(x/y) 组态是由 $x, x^s, y^d > 0, l_x = 1, x^d = y = y^s = l_y = 0$ 给出的零和非零变量组合。该组态的决策问题为

$$\max_{x, x^s, y^d} : u = xky^d$$

约束于 $x + x^s = l_x^a, l_x = 1$ （生产系统） $\tag{7.5}$

$py^d = x^s$ （预算约束） $\tag{7.6}$

用从生产函数所得的 x 等价项代换 u 中的 x，用从预算约束中所得的 y^d 等价式代换 y^d，得 $u = (1 - x^s)kx^s/p$。由一阶条件得最优决策为

$$x^s = 1/2, \quad y^d = 1/(2p), \quad u_x = k/(4p) \tag{7.7}$$

式中 $u_x(p)$ 是组态 (x/y) 的间接效用函数。

对称性组态 (y/x) 的最优决策结果为

$$y^s = 1/2, \quad x^d = p/2, \quad u_y = kp/4 \tag{7.8}$$

式中 $u_y(p)$ 是组态 (y/x) 的间接效用函数。

令 M_x 为用手机通过商业银行支付交易 x 商品的移动用户数，M_y 为用手机通过商业银行支付交易 y 商品的移动用户数。以 $M_i(i = x, y)$ 乘以每个移动用户的交易量即得总的移动支付市场交易量。使市场需求等于市场供给，即得市场出清时的供求平衡条件。根据效用均等条件和供求平衡条件，可以解出选择两种组态的角点均衡相对的移动用户数 $M_{xy} \equiv \dfrac{M_x}{M_y}$ 以及相对价格 p。M_x 和 M_y 的值由 M_{xy} 和总的移动用户数 $M = M_x + M_y$ 确定。

该结构的效用均等条件为

$$u_x(p) \equiv \frac{k}{4p} = \frac{kp}{4} \equiv u_y(p) \qquad (7.9)$$

方程(7.9)给出 D 结构中的角点均衡相对价格 p 以及移动用户的人均真实收入

$$p=1, \quad u_D = \frac{k}{4} \qquad (7.10)$$

式(7.10)中 u_D 为 D 结构中移动用户的人均真实收入。x 的供求平衡条件给出选择这两种组态的均衡相对人数

$$M_x x^s = M_y x^d$$

或

$$M_{xy} = 1 \qquad (7.11)$$

式中 $x^s = \frac{1}{2}$，$x^d = \frac{1}{2p}$ 由式(7.8)和式(7.9)给出，$p=1$ 由式(7.10)给出。根据瓦尔拉斯定律，产品 y 的供求平衡条件不独立于式(7.11)。所以可以通过比较所有角点解均衡的效用水平来识别完全均衡。

命题 7.1：

产生极大人均真实收入的角点均衡是完全均衡。

比较 A 结构与 D 结构的人均真实收入，再结合命题7.1，可以得到：

命题 7.2：

若 $k>2^{2-2a}$，则移动支付的市场微观结构的均衡表现为，移动支付与金融支付合作；若 $k<2^{2-2a}$，则移动支付的市场微观结构的均衡表现为，移动支付与金融支付竞争（即其全部移动支付业务）由移动运营商自己提供。

此外，D 结构中个人间的相互依存度、各种产品的生产集中度以及社会一体化程度都要比自给自足的高。

命题7.2指出，当交易效率和专业化经济程度足够高时，完全均衡是分工的；当交易效率或专业化经济程度相当低时，完全均衡是自给自足的。现实的中国市场中，移动支付与金融支付之间竞争和合作两种具体商业模式同时并存。

用杨小凯的专业化经济与交易费用之间的两难取舍的超边际分析框架来说明，现阶段非完全分工的移动支付的市场微观结构（见图4-1）的经济组织结构为何得以流行，而且未来阶段将是完全分工的移动支付市场微观结构（见图7-1）。

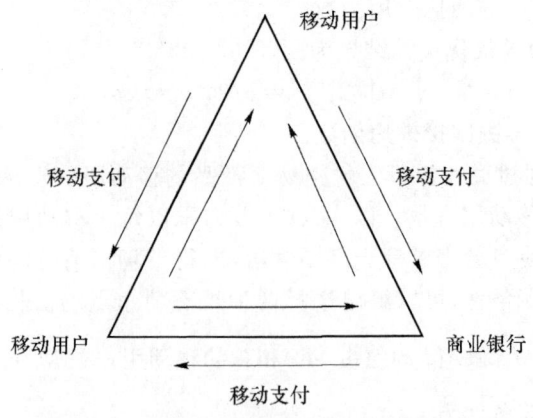

图7-1 中国移动支付的未来市场微观结构

许多经济学家关心技术进步与分工演进之间的关系,因而形成很多流派体系。其主要为了解释:分工演进为什么是渐进的过程,而不是一下子从自给自足跳到极高的分工水平;为什么这种演进如同物种进化和熵的不可逆增大那样,显示出从简单到复杂的不可逆性;为什么分工演进使整个社会的有用知识得到增加,但同时却使个人独立于社会生存的能力下降。其中杨小凯的超边际分析的新框架将专业化经济、分工和经济组织结构引入经济学的核心部位。

常用的新古典经济学的研究方法不能解决上述问题,主要因为新古典经济学将纯消费者与纯生产者严格划分,这种新古典两分法导致一种特定的市场结构,即企业是现成的,但我们不知道它们为什么存在,又如何由分工产生,也不清楚经济为什么会如此演进。从这个意义上来说,新古典企业理论与其说是企业理论,还不如说是一种生产理论。阿尔弗雷德·马歇尔(Alfred Marshall,1920)在新古典微观经济学框架中对古典经济学进行形式化,以该框架的 3 个组成部分为特征:纯消费者与纯生产者之两分;对于需求和供给两个概念的狭义解释,以及他对这两个概念在经济分析中的核心地位的强调;用规模经济概念替换了专业化经济概念。马歇尔理论的创新之处在于:人为地作纯消费者和纯生产者的两分是一种有效的方法,它能够解决由于缺乏对付角点解的方法而产生的可处理性难题。边际效用递减的假设,即效用函数严格凹性的假设,再加上这种两分法,可以用来保证消费者决策问题内角点解的二阶条件。因此,纯消费者与纯生产者之两分是新古典经济学的奠基石,它使得边际理论得以成立。遗憾的是,这种两分法的缺陷对经济分析的重点从经济组织转向资源配置起了决定性的作用。更令人遗憾的是,尽管在库恩-塔克定理发现之后,这种两分法已不再为使数学模型可处理所必需,但是这种两分法却还被一直当作微观经济学分析框架的不可缺少的标准构件。以纯消费者与企业之两分为基础的马歇尔框架与杨小凯的以分工为基础的需求和供给的概念无关,因为在马歇尔的框架中绝不可能存在自给自足,而且他的分析框架也无法推导出专业化水平的确定和分工演进。新古典微观经济学的核心是资源配置问题,而不是许多古典经济学家曾十分注重的经济组织问题,主要研究在给定的组织结构下企业内部以及企业之间的资源配置问题。其方法是,将得到一定效用时各种产品数量上的两难冲突,以及得到一定产出时各种要素数量上的两难冲突形式化。但没有解释在分散的市场结构中分工水平、个人间的组织程度和相互依存度以及企业结构是如何确定的。

尽管上述分析的框架里存在专业化经济,这些需求和供给函数还是与新古典的正常商品需求规律,以及新古典的以休闲与消费间的权衡取舍为基础的,或是以规模报酬递减的供给规律相一致。杨小凯的超边际分析框架中的角点均衡等价于新古典微观经济学中的完全均衡。它解答给定的专业化和分工模式下的资源配置问题。该框架中的完全均衡解答的是经济组织问题(有效的专业化水平和分工水平是什么?)。

第8章 中国移动支付的金融监管政策分析

自政府控制了货币以来,货币发行就成为中央银行(货币当局)的一项垄断权力,人们对此已习以为常,以至于任何新的流通手段的尝试都被视为非法而加以禁止,这就使得新货币经济学提出的一些观点很难在实践中进行检验。

网络的出现形成了一个日益庞大的新市场。在这个市场中,政府的谨慎在客观上促成了新的交易媒介手段——移动支付。社会经济中也出现了两种生成机制完全不同的货币体系。

本章首先分析移动支付属于一种内部货币,移动支付实现了货币职能的分离,是一种竞争性的具有内在价值的货币,其发行是一种市场货币;然后归纳由于内部货币的日益普及,现代货币供给理论与体系面临着巨大的挑战;最后研究移动支付的发行控制,并针对中国实际提出有中国特色的移动支付的未来金融监管政策建议。

8.1 移动支付属于一种内部货币

分析过移动支付的属性、移动支付(内部货币)与中央银行货币(外部货币)的区别,将两者归纳起来,可以发现在移动支付中,货币的性质的确发生了显著的变化,移动支付是一种内部货币,如图8-1所示

8.1.1 移动支付实现了货币职能的分离

如前所述,移动支付作为一种内部货币,与其他支付手段相比,具有货币的一般性特征,但是,它却不是一种"价值尺度"。移动支付对商品价值的度量仍然遵循中央银行货币单位作为自己的计价单位这一标准。移动支付由于带有明显的发行人特征,而不同的发行人对价值判断的标准不同,因而移动支付体系需要通过一个"外部货币"标准统一规范,这一标准只能是中央银行货币或法币标准。

同样,移动支付也不是有效的"价值储藏手段"。利用货币"储藏"价值的先决条件之一是货币积累所代表的价值积累没有风险,或者风险极低。比如,人们在中央银行储存的货币,不用担心中央银行是否破产倒闭,也不用担心所储存的货币是否会在某一天不被他人所接受。但如同一般商品往往带有生产者特有的标志一样,目前的移动支付不仅在名称和形式上有所区别,而且在使用范围、功能和流通方式等方面也不尽相同。他们对于商品交易的媒介,一般取决于发行者的市场目标、消费者对特定商品交易的需求和市场环境。2001年中国电信出现过一个内部货币的案例:1995年以前,中国电信发行的电话卡为磁记录电话

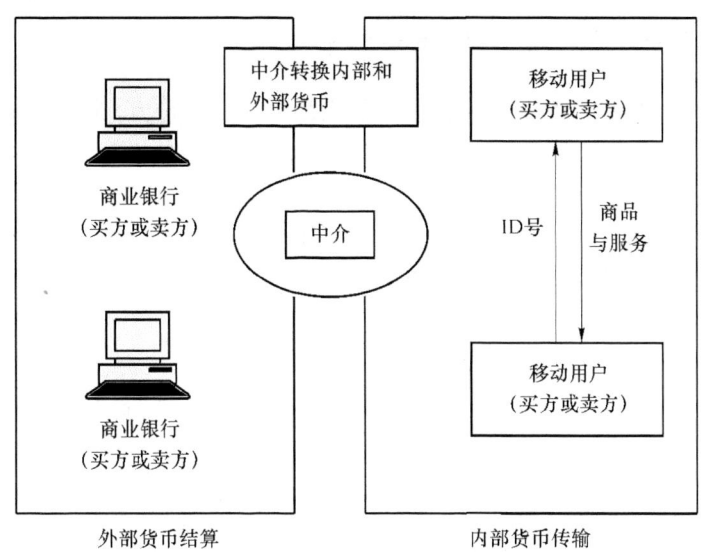

图 8-1　移动支付系统

卡,客户可以用这种电话卡在街道上的公用电话上购买 IC 卡,后来人们对公用电话系统进行了改造,此时磁卡购买服务的便利程度已经不如 IC 卡。2001 年,中国电信发文公告称,不再接受磁卡,并制订了一个磁卡兑换 IC 卡的时间表,兑换时间相当短。如果错过这一时间,磁卡所"储藏"的价值就会消失。尽管类似安全问题只发生在特定国家的特定行业,但这种案例本身说明了利用内部货币作为"价值储藏手段"的风险。移动支付不具备"价值尺度"的功能,但却是一种高效的"流通手段",是在统一价值尺度下对流通手段的替代。利用移动支付进行商品交易,速度快,费用低。

8.1.2 移动支付是一种"竞争性"货币,具有"内在价值"

传统理论认为,外部货币是一般等价物,其本身不具备"内在价值"。所谓"内在价值"是指,如果剔除了货币所代表的价值量,货币实体自身的使用价值近乎零。因而流通中的外部货币是一种非竞争性"商品",传统上由中央银行或货币当局统一供给。移动支付从本质上讲,也是一种"符号"货币,它将原来印在纸质介质上的文字符号转换成手机上的支付信息。但是,移动支付却是一种"竞争性"的货币。由于移动支付具有非强制接受的属性,消费者选择哪一种移动支付,取决于移动运营商的市场竞争能力。信誉好、影响大的运营商发行的移动支付,要比一般的运营商发行的移动支付更容易被接受。

移动支付的市场竞争性使移动支付具有了内在价值。由于所有的移动支付都与中央银行货币保持等额的兑换关系,消费者选择哪种移动支付取决于他们对移动支付内在市场价值的判断。移动支付的内在价值主要表现在两个方面:一是移动支付对交易费用的节约程度,取决于移动支付的支付效率、媒介的商品种类与范围等;二是移动支付附带的额外服务的价值,如免费奉送的相关信息价值、可获得的优惠价格等。

8.1.3 移动支付的发行是一种"市场货币"

所谓"市场货币",是指移动支付的发行供求的一种市场行为,其数量和"价格"取决于运营商与用户之间形成的供求均衡。不同于现行的纸币体系,移动支付发行不能"凭空制造"。在纸币供给中,中央银行可以"开动印钞机"凭空创造购买力,在技术上,中央银行印制多少货币并不受市场环境的影响,基础货币供货人常被看作一个外生变量。在移动支付的发行中,市场对移动支付手段的客观需求,制约着移动支付的实际可流通量。移动支付的发行完全是一个市场内生变量。

移动支付性质的变化使移动支付的发行机制完全不同于中央银行的纸币体系。运营商进入移动支付发行市场的直接原因,是对他们而言,发行电子货币类似于生产产品。

8.2 内部货币的普及使现代货币供给理论与体系面临着巨大的挑战

货币供给机制与货币形态密切相关,在纸币取代铸币成为现代经济生活中的法定货币的同时,也形成了以中央银行和商业银行为主体的现代货币供给制度。纸币以及纸币的供给成为现代货币理论体系的分析基础。

内部货币的普及使现代货币供给理论与体系面临着巨大的挑战。首先,围绕历史上关于经济学分析中的价值均衡与货币均衡统一的问题,有关货币性质问题的认识需要深化。从移动支付的发行来看,其是一种"竞争性"的货币,通过市场方式发行,内含价值。更为主要的是,移动支付实现了新货币经济学假设的"流通手段"与"价值尺度""储藏手段"的职能分离,并且移动支付承担不同职能时,对社会货币供给总量和供给机制的影响不同,使社会总货币的供给复杂化了。随着移动支付对纸币的替代规模的扩大,倾向供给机制的这些变化还会对货币的计量、调节与控制产生很大的影响。

8.2.1 新货币经济学质疑

货币经济学的研究当然离不开货币,但迄今为止,人们对货币性质的认识并不统一。在以往的倾向中,在经济学或主流经济理论的分析框架中,货币要么被假定不存在或对经济行动没有实质意义(即"货币中性论"),要么被看作经济分析框架的既定条件,只考查其自然演进的历史,而对其微观基础问题,在货币经济理论中一直存在争议。

货币经济学甚至是整个金融理论体系开篇之谈,离不开对倾向定义的描述。但几个世纪以来,对于什么是货币并未形成一个一致见解。货币定义本身已演绎出货币经济学的一个分支——货币定义理论。

将众多的货币定义总结一下,大体上可以分为两类:归纳法和实证法。归纳法侧重于货币的特性,而实证法定义强调货币供给对经济产生的实际作用。

侧重货币特性的归纳法主要从货币的职能入手说明货币的性质,如沃尔克所言,"货币就是货币的作用(money is what money does)"。但是,历史上货币的职能并不统一,马克思主义认为货币是固定充当一般等价物的特殊商品,是"价值尺度与流通手段的统一",两者构成了货币的最基本职能。但在萨伊那里,他说,"事实上,没有价值尺度这种东西,因为没有东西具有充当价值尺度的必要条件,即价值永恒不变","货币既不是符号也不是尺度"。什么是货币的根本性质?众多学者仁者见仁,智者见智。凯恩斯认为货币是"流动性";弗里德曼认为货币是"购买力的暂栖息所";新货币经济学家更注重"普遍接受性"。正是对货币性质认识的偏差,使得包括货币政策在内的货币理论异彩纷呈。

与归纳法不同,实证主义根据经济分析的需求来界定他们所称的货币。弗里德曼认为:"要寻求货币的定义,就不要从原理出发,而要以是否有利于组织我们对经济关系的知识为依据。"实证的货币观以经济关系为基础,将通过计量验证与GNP之间保持稳定关系的金融资产都归结为货币。

很显然,归纳法与实证法对货币的定义差异很大,而且即使在同一方法中,也很难找到两个不同学术流派都认可的一致性定义。对货币性质和含义理解上的差异,构成了当今货币理论研究的一大特色。

8.2.2 价值均衡和货币均衡

在主流经济学理论中,均衡分析始终占据着重要的地位,其发端是瓦尔拉斯一般均衡模型。在瓦尔拉斯模型中,均衡价格形成的前提是市场出清,市场出清的结果是价格均衡的实现。在"拍卖喊价"的过程中,只有当整个市场上的过度需求和过剩供给都为零时,"拍卖"转为现实的交易。此时,整个市场形成了一组组相对价格,在这个价格体系中,货币没有任何实质性的作用。

货币对经济到底意味着什么?最早的解释源于货币数量论,其中以费雪的交易方程最为著名。按照早期货币数量论的观点,货币虽然不会对比价体系的形成产生影响,但会影响物价水平的变化。

这样经济活动就被分为了两个层面:实体经济和货币经济。瓦尔拉斯均衡通过拍卖和市场出清模型,解释了实体经济中相对价格的形成。而货币数量论则解释了绝对价格的形成与变化,并由此形成了"货币中性论"。"货币中性论"的实质含义是,在无货币幻觉的前提下,名义货币量的变动只会引起绝对价格水平的变化,不会导致均衡的相对价格的变动。换言之,在经济分析中,抽象的货币并不影响分析框架的完整性,货币的变动并不会导致经济变量的实际变化。

既然货币对经济运行并不起实质性作用,那么又如何解释"人类社会的发展始终与货币联系在一起"?一些经济学家从货币演进的自然历程出发,提出了"需求双向耦合"的解释观点。在人类历史的发展中,最初的交换是"物物交换"。"物物交换"存在一个极大的缺陷:只有当交易双方的需求互相"耦合"时,交易才能成功。杰文斯将物物交换的困境术语化为"需求双向耦合"。"又耦合"的交易费用相当昂贵。随着社会征税的发展,人们开始用"间接选择性耦合"取代"双向直接耦合",积极寻找某种可以在"耦合"交易中普遍使用的物品充当交易媒介,以降低交易费用。"间接选择性耦合"的发展最终导致了一般等价物的逐步形成和货币的出现。亚当·斯密在《国富论》中就曾以屠户、酿酒师和面包师之间的物物交换困境来说明,货币的产生是为了克服在分工社会中交换匹配的困难。但货币是否会影响实质经济的运行呢?"耦合"论无法说明。

理论缺陷产生的直接后果之一,就是长期以来微观经济学中价值理论和货币理论的分离。20世纪60年代,以色列经济学家帕廷金偿试将两者融合起来。他将货币作为第 $n+1$ 种商品,加入瓦尔拉斯一般均衡分析中,将"货币与商品交换"按照"商品与商品交换"的分析方法和思路加以研究,也就是说,将货币视为一种特殊商品而纳入商品交易系列之中。显然,这样做的结果是商品与货币统一了,价值理论和货币理论也就自然统一到了一个均衡分析框架之中。

8.2.3 新货币经济学对货币的认识

帕廷金的这种直接将货币视为商品,实现价值均衡和货币均衡的分析并没有受到经济学家的普遍认同,新货币经济学派就对帕廷金的这种分析方法和体系提出了质疑。哈恩认为:商品具有正的交易价值,只有当货币也具有正价值时,将其视为商品在逻辑上才能成立。但是,现代纸币本身并没有内在价值,理论价格为零。将"正价值"为零的特殊商品加入分析模型中,等于不加入,对瓦尔拉斯均衡也不会产生影响,市场仍然是物物交换的均衡,仍然没有货币理论的地位。帕廷金模型存在一个根本性问题,即是否真的存在货币经济均衡。既然个人对货币的需求源于效用函数中的真实货币余额,那么真实货币余额为零时会出现什么情况呢?一种情况是,商品的货币价格为正,但个人名义货币余额为零;另一种情况是,个人名义货币余额为正,但商品的货币价格无限大。在后一种情况下,货币毫无价值,从而也就不存在对货币的需求。因此,哈恩指出:存在一种并非毫不重要的非货币的均衡状态,只有在假定货币毫无价值,并且人们依然存在对名义货币余额的需求的情况下,才能证明存在一个货币价格为正的均衡状态。也就是说,帕廷金模型并不能保证经济体中所有均衡状态者是货币交易,而不是物物交易。由此形成了著名的"哈恩难题"。为解决这一难题,格朗蒙、拉罗克等许多学者对货币正价值问题进行了研究,由此又引发了对什么是货币、货币的性质等问题的深入探讨。

在这些问题的讨论中,布莱克、法马、霍尔、华莱士、伊格尔等人一反货币研究的传统演进式描述方法,创立了"新货币经济学"。在货币问题上,新货币经济学提出了4个新观点。

① 在未弄清货币的性质之前,货币不应该成为货币经济学研究的基础。如果将货币作为先验之物和经济研究的既定前提加以接受,必然导致由于基本概念的差异使理论研究结果大相径庭。什么是货币,货币到底具有何种性质,才是货币经济学需要解决的首要任务。

② 从近现代货币形成的历史来看,现代货币并不是自然演进的产物,而是法律限制和政府管制的结果。在自由放任的竞争性市场环境中,不加强制而又被普遍接受的纸币不会存在。支付会通过直接的物物交换,以普通股票和公司债券为媒介,也可以银行负债或基金单位为媒介来进行,不会出现集记账单位(价值尺度)和交换媒介为一身的现代纸币,这两大职能将由不同的东西承担。

③ 在一个完全竞争的市场经济中,社会支付体系不需要任何外在的货币,中央银行的纸币体系瓦解后,政府可以像制订标准的长度单位一样制订统一的价值度量单位。任何商品都可以在市场中通过供求均衡,发行自己的"刻度",并实现与其他商品的交换。

④ 货币职能的分离、纸币这种"人造品"的消失不仅会使经济理论中长期没有解决的价值均衡与货币均衡问题迎刃而解,而且独立于货币发行者而存在的计价标准体系,还有助于克服现行纸币体系对经济运行的干扰。

新货币经济学对货币性质提出的这些质疑,超出了大多数理论分析的框架,由于太过匪夷所思,在20世纪80年代以前一直未受到重视。但是,20世纪90年代以后,电子货币的发展将这一研究推向了一个新的阶段。

8.3 移动支付的发行控制

货币供给的外生性问题是现代金融经济学研究的重点课题之一。货币供给的外生性是中央银行控制货币供给总量的基础,从某种意义上说,也是货币政策赖以存在的基石。尽管自20世纪60年代以后,关于货币供给是外生性还是内生性的争论持续不断,但在实践中,中央银行普遍表现出了较高的货币控制能力。网络银行和电子货币出现后,对货币供给外生性的理论争论,已经演化成对中央银行实际货币控制能力的质疑。

8.3.1 货币供给外生性理论的发展

在20世纪30年代以前,货币供给与经济运行变量之间的关系并不是货币经济学研究的重点。建立在货币数量论和瓦尔拉斯一般均衡分析基础之上的货币理论,将实体经济均衡与倾向均衡分割开来,形成了所谓的"货币面纱"论,其着重探讨的是货币中性问题。尽管在这期间一些学者对有关经济外部力量能否控制货币供给的问题进行了一些分析和思考,但基本上没有形成体系,其中较有代表性的是图克的需求决定论、马克思的生产决定论、凯恩斯的自动体系论。

随着1936年凯恩斯《就业、利息和货币通论》的出版,货币供给与经济变量相互作用关系的系统性描述与分析框架建立了起来,并逐渐成为主流经济学和货币理论中不可或缺的一个部分。在《就业、利息和货币通论》中,货币供给被赋予了极强的外生性特征。凯恩斯认为,市场缺陷的存在使得政府有必要给经济运行施加必要的干预,政府干预的主要手段是货币政策。之所以选择货币政策、利率为中介目标,是由于货币供给外生性与货币需求内生性之间的相互作用机制,中央银行控制基础货币,货币通过乘数效应对就业和产出产生实质性影响。希克斯对凯恩斯的货币经济理论进行了数学模型化,汉森在此基础上对凯恩斯的利息理论进行了修正和发展,形成了IS-LM模型。这一模型在随后的半个多世纪里,成为货币经济学的基本分析模式。

20世纪50年代诞生的货币主义学派,在货币供给的属性问题上与凯恩斯理论产生了一定的分歧,但这种分歧并不显著。弗里德曼和施瓦茨通过对美国货币史的实证研究发现,对货币供给起关键作用的因素有3个:高能货币、存款与准备金比率(D/R)、存款与通货比率(D/C)。在此基础上,他们发现,短期内货币供给是内生的,它是价格、收入等变量的函数;但从长期来看,货币供给是外生的,是由中央银行控制的高能货币所决定的。因此,货币政策应采用"单一规则"。

对货币供给外生性明确提出质疑的是格利和肖、托宾,以及温特劳布、明斯基等后凯恩斯主义的经济学家。

格利和肖最具创造性的贡献是提出了"内在货币"和"外在货币"的概念。格利和肖构建了一个简单的社会经济分析框架,假定经济支出单位由3个部门构成:消费者、企业和政府。在假定政府收入为零的情况下,政府满足支出需要的唯一手段就是发行货币。各期政府赤字的积累就形成了经济中的货币存量。这种存量构成了私人部门的净债权。对私人部门来说，这是存在于外部的债友，因而将其称为"外在货币"。在加入了初级券以及出现了证券市场后，政府满足支出需求的手段发生了变化。政府可以通过货币市场和债券市场购买私人债券。这时，尽管货币仍然是政府的债务，也形成了源于私人部门以外的债权，但它的基础是私人部门的内部债务，并不能形成私人部门的资产，增加资产净额。因而格利和肖将其称为"内在货币"。

在上述分析中，他们非常重视非货币金融中介机构的作用，认为非货币金融中介机构带来的多样化金融资产，对于储蓄与投资的转化意义重大。非银行金融中介机构和商业银行共同创造的非货币债权，带有明显的内在性特征，有可能使政府货币系统的货币控制失效。

托宾通过对货币乘数的研究，进一步拓展了格利和肖的观点，认为货币的供给并不仅仅是基础货币与货币乘数相互作用的结果，对于公众而言，随着金融工具多样化的发展，可选择的资产组合正在变化，影响公众资产偏好的因素不是银行资产与非银行资产的区别，而是经济和个人收入的增长等，货币创造是包括银行和私营部门经济行为在内的内生过程。

后凯恩斯主义的经济学家又进一步深化了货币供给的内生性理论。Weintraub 和 Kaldor 在其"工资-物价机制"理论的基础上认为，物价上涨或资金短缺必须有相应的货币供给增加来支持，否则就会产生失业或挤兑危机，中央银行并不愿意面对这种政治风险，因而货币供给必定是"适应性"的。在货币供给方面，后凯恩斯主义的经济学家认为，货币供给的逻辑次序是：信贷需求的规模决定储蓄，储蓄决定准备金。它们共同反映了经济运行的一种趋势，这种趋势与政府、中央银行的潜在目标始终是一致的。在历史上，中央银行的货币供给体现着"目标内在性"。换言之，中央银行的货币供给也孕育在经济运行的内在性之中，货币的需求引致货币的供给，后凯恩斯学派还考查了金融创新对货币供给的影响。他们认为，金融创新在很大程度上淡化了银行和非银行金融机构之间的差异，使得货币供给的外生性进一步削弱。

8.3.2 移动支付中的货币供给内生性

市场化移动支付的发行机制的出现，使货币供给演变为两个部分：中央银行的基础货币及其派生货币、内部货币发行者发行的移动支付或其他市场化支付手段。从前面的分析中可以看出，影响移动支付供给的因素与中央银行发行的外部货币供给的因素明显不同。移动支付日益普及以后，货币供给内生性研究的范围已扩展到整个货币供给过程。

货币政策中介目标大体上可以分为两类：一是以 M1、M2 为代表的总量性目标；二是以利率为代表的价格信号性目标。任何一类目标都要求必须具有较好的可测性、可控性以及与最终目标之间的相关性。理论上，总量目标和价格目标都能满足"三性"的要求，中央银行可以任选其一作为货币政策的中介目标，但不能同时盯住两类目标。当经济波动时，中央银行若想保持利率稳定，必须调整货币供应量；若想维持货币供应量，只有放开利率。中央银行选择哪一类指标作为中介目标，一直存在争论。

凯恩斯主义认为，在社会总需求中，政府支出和净出口作为外生变量，它们对产出和物价的影响可以不予考虑；消费支出与收入水平具有稳定的函数关系，变动有限；对社会总需求影响最大、变动频繁的因素是投资支出。在总供给既定的条件下，变动有限，控制住了投资支出，也就控制住了社会总需求和物价水平。而投资支出的水平取决于资本边际效率与名义利率,货币当局虽然无法控制资本边际效率,但对利率水平却能进行有效调整。运用贴现与公开市场操作,中央银行能准确地观察和调节社会整体利率水平。对于货币供应量,凯恩斯主义认为,由于受到资产替代性、金融机构资产结构等因素的影响,中央银行很难进行有效的控制,货币供应量不适宜作为中介目标。

与凯恩斯学派相反,货币主义认为货币政策中介目标只能选择货币供应量。他们认为物价水平的变化与货币供应量高度相关,所谓通货膨胀本质上是一种倾向现象,只要控制住了货币供应量,就控制住了物价水平。作为基础货币的供给者,中央银行完全有能力调节社会货币供应。按照货币主义的解释,社会货币供应量主要由存款与准备金比率(D/R)、存款与通货比率(D/C)和基础货币(H)决定(弗里德曼-施瓦兹方程)。存款与准备金比率主要受社会公众的流动性偏好(即实际余额效应)的影响,从长期看,这些因素相对稳定,因而货币供应量主要取决于中央银行的基础货币。同时,货币主义强调,社会货币需求量的决定因素是公众的持久性收入;持久性收入的相对稳定决定了社会货币需求的相对稳定,控制住了货币供应量,也就间接控制住了社会利率水平。

关于货币政策中介目标的争论至今仍没有一个公论,但是移动支付的这种内部货币的普及发展,正在使总量性日益丧失以及中介目标的合理性和科学性受到质疑。

就可控性而言,移动支付将资金的交易双方和相应的金融业务整合到了一个交易平台上,加快了支付清算的速度和交易的效率。同时,移动支付的发行不受中央银行的控制。内部货币供给方面的变化,加上货币流通速度的不稳定,使货币量的可控性也面临着挑战。一般认为,只有在货币流通速度基本稳定或有规律地变化(可预测)的情况下,才能确定一个与最终目标相一致的货币总量类中介目标,也才能加以控制。如果无法预测货币流通速度,即使中央银行掌握了足够的货币发行控制能力,货币政策最终目标也会出现偏差。货币构成的复杂性与流动速度的变动性等因素的影响,使中央银行将无法确切地解释货币量变化的真正含义,最终不得不放弃这一类中介目标。

相反,由于价格信号是市场运行的结果,移动支付这种内部货币增强了市场的效率和竞争水平,提高了价格信号的质量。价格信号类中介目标将会成为未来货币政策的中介目标的主流选择。

8.4 移动支付的未来金融监管政策

货币供给、货币计量和货币需求函数的变化,改变了货币政策的理论基础和实施环境。在网络金融中,货币政策的中介目标、政策工具和传导机制,都表现出与传统经济不同的特征。随着电子货币对中央银行货币的逐步替代,网络银行不断发展完善,未来的货币是否还会存在和以什么样的方式存在,成为20世纪末金融理论研究最受关注的问题之一。

8.4.1 移动支付的货币政策传导机制

移动支付对货币政策传导的影响具有双重性。在货币供给方面,传统银行的作用如同一个"二极管",将基础货币的变动加以放大,即所谓的"乘数"作用。而移动支付却更像一个智能的"二极管",在市场移动支付的供给过程中有自己的"主张"。当运营商发行移动支付时,它对基础倾向变动的敏感性自然会下降,如果内部货币的发行数量和吸引力足以同中央银行发行的外部货币展开竞争,那么基础货币的投放甚至可能变成一个"买方市场"。相对于用户而言,传统银行对于货币政策动态不一致性方面的影响较少,而移动支付有可能加大这种影响。在货币政策的传导过程中,移动支付的运营商更容易捕捉到新的信息,其先进的技术手段也可以使其做出迅捷的反应。反之,移动支付也有可能使货币政策的传导更加有效,它可以缩短政策传导过程中的时滞,更快地使经济总量指标发生变化,但其前提条件是移动支付的货币政策要有更好的适应性。

8.4.2 中央银行在未来会消失吗?

现阶段,一方面,内部货币供给的市场内生性大大增强;另一方面,移动支付这种内部货币对中央银行资产负债规模不断进行侵蚀。同时,在包括移动支付在内的多种内部货币的影响下,货币需求和货币政策的传导机制也在发生明显的变化。这些变化使一些经济学家开始怀疑未来的货币政策是否还会存在,中央银行是否还有存在的必要。

从1999年开始,有关货币政策和中央银行的未来成为国际经济学界和金融学界讨论的一个热点。这场争论的起因是1999年11月哈佛大学的教授本杰明·弗里德曼在美国国家经济研究局发表的一篇工作论文——《货币政策的未来:中央银行会成为只剩一个标记的军团吗?》。

中央银行自诞生以来,就有着独一无二的地位与权威。但网络银行和电子货币正在使中央银行的地位和职能面临挑战,以至于弗里德曼提出了中央银行已经过时、在21世纪将会消失的论点。就中央银行的地位而言,电子货币正在侵蚀着中央银行的独立性和资产负债规模。中央银行的独立性除依赖法律框架的保障外,在很大程度上还依赖于其职能实施所必需的资金来源渠道。就大部分国家而言,其资金的主要来源是铸币税,它以中央银行作为货币发行者的独有地位为保障。移动支付等内部货币的竞争型发行机制显然会使铸币税受到影响,且其受影响程度与中央银行在竞争发行中的地位、通货使用的范围相关。以法国为例,如果铸币税减少54%,其中央银行就不得不依赖其他资金来源,从而使其独立性受到影响。对于发展中国家,其现金使用的范围较广,中央银行管理成本较高,会使这一问题更加严重。

大多数国家中央银行的主要资产是通货(外部货币)。内部货币对通货的大规模取代势必使中央银行的资产负债规模大为缩减。以美国、德国、法国和意大利为例,如果内部货币完全取代了外部货币的通货,其中央银行资产将分别缩减87%、70%、40%和28%。经济越发达,缩减程度越大。很难想象在资产缩减到如此程度时,中央银行是否还有足够的能力去实施其职能。

因而,弗里德曼认为,随着基础货币发行垄断地位的丧失,内部货币对实物货币的取代,人们对银行存款持有量的减少,甚至不再持有银行存款,而是将资产交由受托公司管理以用于清算,中央银行将无法再控制短期利率,这种组织也就行将淘汰。

虽然这种论点并未得到广泛的认可,甚至引来了许多反驳,但这种争论本身已表明,网络银行和电子货币对中央银行的影响已不容忽视。弗里德曼从中央银行控制的资产与社会交易资产的比较开始,论证中央银行未来通过利率影响经济运行的可能性。在美国,最终产品价值超过8.5兆美元,与之相对应的非金融交易更是8.5兆美元的几倍,而所有金融机构持有的联邦储备还不到 500 亿美元,联储在证券市场上买卖证券的交易量大约占其储备的 2%~10%,为 10 亿~50 亿美元。相对于市场交易量而言,如此小的交易量,如何能影响整个市场的利率呢?

按照弗里德曼的观点,货币政策影响利率,利率再影响非金融部门活动的传导机制,取决于中央银行在银行储备供给方面的垄断地位。中央银行对基础货币的控制使他们完全可以决定货币的"价格",它们在最终支付中的地位提供了其影响利率的能力。但是,电子货币的发展打破了其货币供给的垄断地位,中央银行将无法对利率产生有意识的影响,货币政策也就不存在了。

围绕这一观点,世界银行 2000 年 6 月召开了一个名为"未来货币政策"的研讨会,会议吸引了众多著名经济学家参与。他们围绕着中央银行和货币政策的未来,进行了一次十分热烈的争论。

就弗里德曼提出的问题,不同学者的看法截然不同,Mervyn King、Chrles Freedman 等人赞同弗里德曼的观点,认为未来的中央银行和货币政策很难再发挥实质性的作用。Chrles Freedman 不仅赞同中央银行货币供给垄断消失的观点,而且进一步推论,中央银行的最终清算地位也将被取代;Mervyn King 甚至认为 20 世纪是中央银行的黄金时代,而电子货币的发展使建立在法币基础之上、可以任意影响经济运行的中央银行时代一去不复返了。

Charles Goodhart、Michael Woodford 等人不同意中央银行和货币政策消失论。Goodhart 认为,通货由于其交易的便利性和匿名性,不可能完全被取代,中央银行仍然可以用其所掌握的通货影响短期利率的变动。从历史上看,新的支付机制并不能完全取代现有的支付机制。由于中央银行肩负着为政府清算的功能,私人部门在同政府部门进行交易的过程中,必然会形成对中央银行通货的需求。只要存在对中央银行通货的需求,中央银行就可以通过控制通货的供给影响短期(如隔夜拆借)利率,并通过短期利率的变化引导社会的利率水平,实现货币政策目标。

普林斯顿大学的 Michael Wooford 则在《没有货币的世界中的货币政策》一文中介绍了在中央银行的负债受到很大影响的情况下中央银行实施利率影响的机理。他认为,中央银行始终可以控制其本身债务和金融资产的利率,并将这种控制转化为对隔夜拆借利率水平的影响,其仍然可以实现保持经济稳定的职能。

目前还无法对这些观点孰是孰非进行实践验证,但从这些讨论中,我们可以清楚地感觉到,未来的中央银行和货币政策会因网络银行和电子货币的出现而发生重大的改变,这种变化有可能使传统的金融理论彻底改观。

8.4.3 中国移动支付应该坚持中央银行的监管政策

借鉴国外的金融理论体系和国际发达国家的国情,他们基本上都有完善的金融市场,金融监控主要通过对金融市场的间接调控和道义上的劝说来实现,如英国的 Mondex 并不会造成金融风险失控的危险。而我国的金融体系和金融市场处于初级发展阶段,金融市场不健全,目前的金融改革处在从中央银行的直接监管向通过金融市场的间接调控的过渡阶段。因此,现阶段的移动支付不能直接照搬或照抄国外金融理论及实践经验,中国发展移动支付必须保证中央银行的货币监管,否则失去金融监管造成的金融风险会比其他国家的金融风险更大,这将会得不偿失。

必须保证中央银行的货币监管,流程如图 8-2 所示。首先,在中央银行设立专门的移动支付账户。其次,移动支付的特点是完全在中央银行监控的运营商的平台体系内运行,这样就实现了在移动支付过程中能继续保持中央银行的货币监管。最后,移动支付与商业银行通过中央银行的账户连接在一起,这样就能实现一切在银行系统中运行,才能获得各家商业银行的认可和支持。

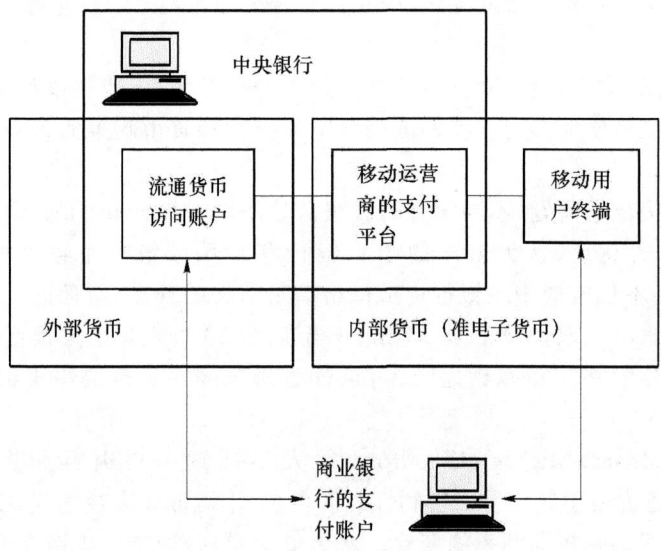

图 8-2 移动支付的货币监管体系

第9章 中国电子商务第三方支付的发展

9.1 电子商务第三方支付市场现有市场格局

本节的数据取自艾瑞咨询发布的中国互联网第三方支付市场的研究报告。根据艾瑞咨询的统计数据显示,2016年第一季度中国第三方互联网支付交易规模达到40 584.3亿元,同比增长67.0%,环比增长14.4%。

整个电子商务第三方支付市场的格局有所变动,互联网金融业务增长迅速。2016年第一季度电子商务第三方支付市场的交易规模市场份额中,支付宝占比43.3%,财付通占比20.1%,银商占比11.1%,快钱占比7.0%,中金支付占比5.1%,汇付天下占比5.0%,易宝支付占比3.9%,京东支付占比1.5%,易付宝占比1.4%,宝付占比0.9%,如图9-1所示①。

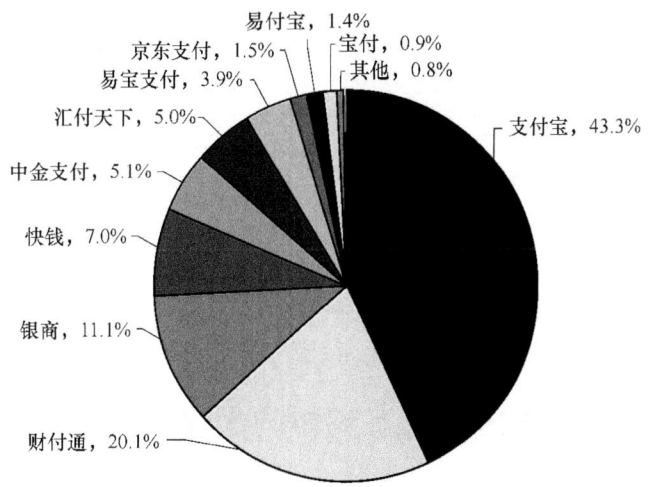

图 9-1　2016年第一季度中国电子商务第三方支付市场份额②

2017年,央行要求合并的最后一张支付牌照被注销,至此,已有24家支付机构因为严重违反支付规定、合并、不予续展等被注销《支付业务许可证》,271张支付牌照仅剩下247张。而随着资源的稀缺,市面上牌照的价格也是水涨船高,飙升到十几亿一张。但从交易规

---

① 电子商务第三方支付是指用户通过台式计算机、笔记本式计算机等设备,依托互联网网络发起支付指令,实现货币资金转移的行为;统计企业中不包含银行、银联,仅指规模以上非金融机构支付企业。

② 数据来源主要是综合企业及专家访谈,根据艾瑞统计模型核算。

模看,支付宝和财付通占据前两名,形成了第三方支付市场的两大寡头企业,其他支付企业也占据一定的市场份额,呈现出"百花齐放,百家争鸣"的态势,说明中国电子商务第三方支付市场的竞争还是比较激烈的。虽然处于优势地位的支付宝仅占到43.3%,还没有处于绝对垄断的地位,但是支付宝的占比将近是排名第二位的财付通的2倍,支付宝一家独大的现象比较明显,而且就目前来看,支付宝的领先地位难以被撼动。

上述内容是从各电子商务第三方支付企业交易份额的角度去理解他们所处的市场地位,现在从另一个角度——用户数——来看各自的市场地位。本章选取的指标是活跃的用户数量,这个指标能更直观地表现各企业真实的用户数。

比达咨询(BigData-Research)数据中心的监测显示,2016年7月第三方支付月活跃用户排名中,支付宝钱包依旧占据龙头地位,月活跃用户达到18 874.6万人,翼支付[1]排在第二位,月活跃用户数为590.8万人,财付通排在第三位,月活跃用户数为485.4万人,京东支付和手机支付[2]位居第四、第五位,月活跃用户数分别为390.2万人和182.6万人[3]。

从表9-1可知,无论是从交易额来看,还是从活跃用户数来看,支付宝都占据中国第三方支付市场的头把交椅,行业垄断优势明显。支付宝为买家提供简单、安全、便捷的购买和支付方式,极大限度地减少了买家的流失。同时支付宝与国内各大银行建立了稳固的战略合作关系,使支付宝成为电子支付领域最值得信任的合作伙伴。排名第二位的翼支付因为背靠中国联通,与其拥有庞大的用户数不无关系。财付通得益于腾讯QQ和微信这两个社交平台,使用财付通的活跃用户数明显是偏低的,考虑社交平台具有较强的用户黏性,财付通的表现是值得期待的。

表9-1 2016年7月各第三方支付活跃用户数

第三方支付企业	支付宝	翼支付	财付通	京东支付	手机支付	壹钱包	拉卡拉
月活跃用户数/万人	18 874.6	590.8	485.4	390.2	182.6	169.2	134.8
排名	1	2	3	4	5	6	7

本章下一部分内容将会研究中国电子商务第三方支付市场的市场结构,以一种不同于传统的经济学视角去推断并验证这个市场结构。首先重点介绍支付宝的发展情况,然后再逐一介绍其他主要的第三方支付公司的相关情况。

9.2 中国第三方支付的代表——支付宝

支付宝(www.alipay.com)支付服务于2003年10月在淘宝网推出,是目前最具知名

---

[1] 翼支付是中国电信旗下运营支付和互联网金融的业务品牌,翼支付支持各类线上线下民生支付应用,通过添益宝、天翼贷、交费助手、交费易、翼支付碰碰等业务为个人、商户提供综合性的互联网金融服务,同时为政企类客户提供专业性的行业解决方案。

[2] 手机支付也称为移动支付(Mobile Payment),是指允许移动用户使用其移动终端(通常是指手机)对所消费的商品或服务进行账务支付的一种服务方式。如果具体到企业,又可以分为Apple Pay、华为Pay、三星Pay和小米Pay等,由于各家支付所占份额较少,故将其合并到一起进行统计。

[3] 数据来源:比达咨询数据中心。

度且使用最为广泛的第三方在线支付平台。支付宝服务由支付宝(中国)网络科技有限公司提供,隶属于阿里巴巴集团。

2010年网上零售市场发展迅速,团购网站爆发性的增长以及电子商务平台多轮的大规模促销,为支付宝这一国内最大的第三方支付平台带来了更大的交易规模和用户数量。除此之外,支付宝在航空、游戏、公共事业缴费、生活服务等细分领域拓展力度的提高,也为其保持高市场份额做出了重大贡献。

2011年,支付宝获得央行颁布的首批支付牌照。2013年,支付宝大力布局移动端,手机支付用户数量增长迅猛。截至2013年年底,支付宝实名制用户数接近3亿人,超过1亿用户主要采用支付宝钱包,通过支付宝手机支付完成了超过27.8亿笔交易,金额超过9 000亿元人民币,在面向个人用户的支付应用领域占据了绝对优势。自2012年以来,支付宝在互联网金融领域取得了巨大成就。2012年,支付宝获得基金销售牌照,开始发力万亿元的基金代销市场;2013年6月,余额宝正式上线,截至2014年1月15日15点,余额宝规模超过2 500亿元人民币,客户数超过4 900万人,成立以来万份收益总值排名第一。

根据余额宝——天弘增利宝货币基金——2014年年报,截至2014年12月,余额宝用户数增加至1.85亿人,规模为5 789.36亿元人民币。2014年春节期间支付宝手机支付超1亿多笔,借春节"抢红包",支付宝迅速扩大移动支付市场,成为移动支付市场最大的第三方支付机构。2014年3月13日,央行杭州中心支行支付结算处收到央行出具的《中国人民银行支付结算司关于暂停支付宝公司线下条码(二维码)支付等业务意见的函》,支付宝发力移动支付领域受到一定影响,但是移动支付市场的巨大潜力及支付宝拥有的大量实体客户使得支付宝得以寻求其他方式。

2014年支付宝在海外支付市场不断拓展服务。2014年7月,支付宝和"环球蓝联"达成合作,在海外部分地区提供支付宝钱包退税业务,年内又继续推出"海外直购""海外交通卡"等项目,借助2013年获得的跨境支付牌照努力寻求海外市场[①]。

2015年支付宝用户移动端支付占比已超过半数,达到65%的比例,PC端的用户黏性不断下降,互联网交易规模增速有所放缓。支付宝的发展是伴随着与PayPal的竞争而不断崛起的。

9.2.1 支付宝与PayPal的竞争

PayPal作为第三方支付工具,依托的是eBay母公司这一电商平台,eBay在中国的市场份额决定着PayPal的市场份额;支付宝也是如此,其依托的淘宝网的市场份额保证了其在中国第三方支付市场的份额。所以,本节首先分析eBay中国与淘宝网的竞争,具体的竞争过程可以分为3个时期。

(1) "eBay易趣"占主导时期

eBay是当时世界上最大的电子商务公司,不仅如此,2003年7月11日,eBay以1.5亿美元合并了中国最大的电子商务公司EachNet(中文名称:易趣),并推出联名拍卖网站"eBay易趣",eBay进入中国市场。2003年之前,在国内C2C市场上除了易趣,eBay几乎没

---

① 易观智库,《中国第三方在线支付市场年度综合报告》,2015。

有什么其他的竞争对手。"eBay易趣"已经在中国线上拍卖市场占有绝大部分市场份额,超过90%。面对现存的电商巨头,潜在进入者淘宝网会采取怎样的策略?此时的淘宝网就面临一个进入障碍的博弈,我们假设现有企业"eBay易趣"在中国市场每年的获利是10,淘宝网进入中国市场的成本是4(主要为先期的广告投入等推广费用)。如果"eBay易趣"容忍了淘宝网的进入,那么各自获利5,淘宝网除去成本,净利为1,"eBay易趣"的净利减少为5;如果"eBay易趣"采取降价的策略抵抗淘宝网的进入,那么其净利会下降到3,假设淘宝网也获利3,减去成本获利-1;假设淘宝网没有进入,"eBay易趣"为了防止淘宝网的进入也采取了降价措施,获利为3,淘宝网由于没有进入,获利为0,如图9-2所示。

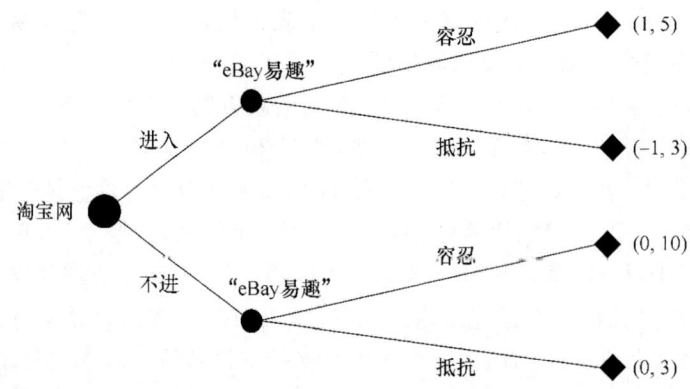

图9-2 淘宝网进入障碍博弈

下面用倒推法求得该博弈的纳什均衡解。第一步分析"eBay易趣"的策略,如果淘宝网选择进入,那么"eBay易趣"容忍时获得5,抵抗时获得3,显然eBay易趣会选择容忍的态度;如果淘宝网选择不进入,选择容忍的获益是10,选择抵抗的获益是3,于是"eBay易趣"选择容忍。综合来看,"eBay易趣"必然会选择容忍,所以这个博弈就简化为图9-3的形式。

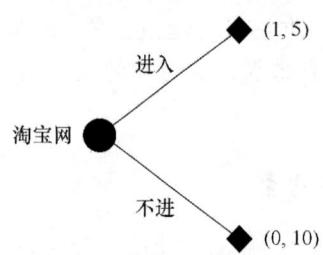

图9-3 淘宝网的"单人"博弈

如图9-3所示,博弈就简化成了淘宝网的单人"博弈",进入的获益是1,不进入的获益是0,所以淘宝网选择进入。博弈的最终结果是"eBay易趣"选择容忍,淘宝网选择进入。

(2) 广告封杀阶段

虽然"eBay易趣"容忍了淘宝网的进入,但是刚刚进入这个市场的淘宝网面临的是"eBay易趣"大规模的广告封杀。2004年,"eBay易趣"与中国当时的三大门户网站——新浪、搜狐和网易——签署排他性协议,以封杀淘宝网等拍卖网站在后者的网站上打广告,按照当时"eBay易趣"CEO惠特曼的预期,借此次封杀行动,中国拍卖市场的争夺战将于18个月内结束。面对此种竞争手段,淘宝网转而采取将广告投放到个人网站和线下的地铁站、公交车站等人流密集之地的策略。这一激烈的竞争可能导致的结果之一就是淘宝网被彻底扼杀,退出中国市场,结果之二就是"eBay易趣"的广告封杀策略失败,淘宝网越来越壮大,直到将"eBay易趣"赶出中国市场。在这种严格的竞争下,一方的收益必然意味着另一方的损失,一方收益多少,另一方就损失多少,所以博弈各方的收益和损失相加总和永远为"零"。这一广告博弈阶段具体如图9-4所示。

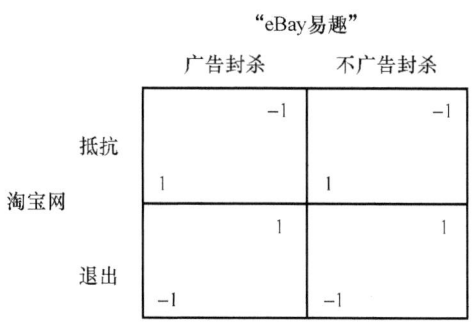

图9-4 面对"eBay易趣"广告封杀的零和博弈

(3) 激烈的互动竞争阶段

"eBay易趣"采取的是双向收费策略——向每笔拍卖收取刊登费(费用从0.25美元至800美元不等),向每笔已成交的拍卖再收取一笔成交费(成交价的7%~13%不等),而刚进入的淘宝网则连续三年是完全免费的。面对淘宝网免费策略的攻势,2004年2月2日,"eBay易趣"正式调低了自己的商品登录费用,这是"eBay易趣"采取收费策略后第一次"降价让利"。2005年5月1日"eBay易趣"再次宣布登录费、月租费下调;6月9日,"安付通"升级。2005年7月11日,贝宝中国(PayPal China)网站正式开通,标志着贝宝正式登陆中国市场。淘宝网凭借适合中国国情的商业模式迅速占领了中国市场,截至2006年年末,淘宝网的市场份额达到了67.3%,"eBay易趣"的市场份额下降到29.1%,而且这一趋势还有进一步加大的倾向。

在这一价格竞争阶段,双方都面临两种策略:高价和低价。如果双方都实行高价,各自获利10;如果一家定高价,一家定低价,高价者获利5,低价者获利15;如果双方都定低价,双方都获利8,如图9-5所示。

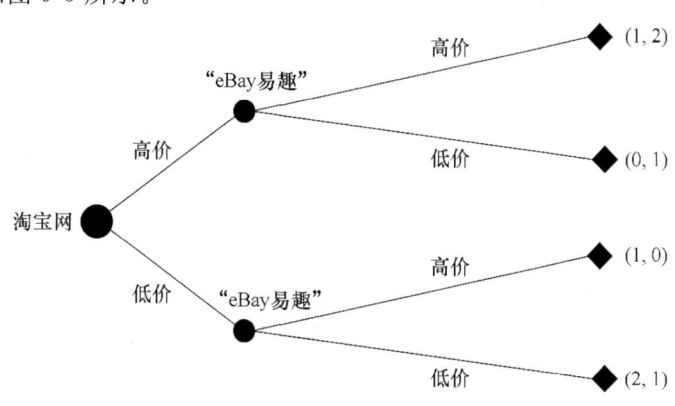

图9-5 价格大战的囚徒困境

如果淘宝和"eBay易趣"只进行一次博弈,那么博弈唯一的纳什均衡解是双方都应该进行低价策略。

上面所述的零和博弈或者囚徒困境都不是理想中双方的最佳选择,具有双赢局面的情侣博弈(如图9-6所示)更加符合双方的利益,其中"eBay易趣"倾向于提高定价,淘宝网倾向于采用低价。而现实中"eBay易趣"选择了进行零和博弈的方法,最终导致其在中国市场的失败。

	"eBay易趣"	
淘宝网	高价	低价
高价	10, 10	15, 5
低价	5, 15	8, 8

图9-6 淘宝网与"eBay易趣"的情侣博弈

2005年7月11日,就在"eBay易趣"在华推出了支付工具PayPal中国的同时,阿里巴巴旗下的支付宝也启动了支付联盟计划,集结千余家购物平台和网站加入该联盟。至此,双方在支付领域的竞争进一步升级,但此时的PayPal中国已经不能与支付宝进行竞争了——他所依托的"eBay易趣"在中国的市场份额已经下滑到24%,并且每况愈下;2006年年底,eBay无奈出让"eBay易趣"51%股权给Tom在线,并签有5年排他协议,协议规定eBay在中国退出面向消费者的电商市场,只留下连接中国中小企业卖家和全球消费者买家的出口业务;2012年4月,"eBay易趣"成为Tom集团的全资子公司,不再是eBay在中国的网站。

正如马云所说:淘宝网的成功并不是因为淘宝网本身多么优秀,而是eBay给了淘宝网太多的机会,而淘宝网抓住了这些机会,并且给了"eBay易趣"致命一击!

9.2.2 支付宝与PayPal不同的机制设计

(1) 支付宝与PayPal不同的支付机制

9.2.1节主要介绍了淘宝网与"eBay易趣"的博弈过程,这为支付宝与PayPal中国的竞争提供了有力的保障。本节具体介绍两者不同的机制设计。

PayPal和支付宝都是典型的第三方支付平台,但是支付宝采用了非实时支付的支付机制,PayPal是实时支付,这两者的支付机制的不同决定了两者在中国市场的结局。电子商务的众多卖方可以分为两类:信誉高的卖方即提供高质量商品的H型卖方;信誉低的卖方即提供低质量商品的L型卖方。他们面临不同的交易风险:H型卖方面临比较低的市场交易风险,即很少遇到买方要求退货、退款,甚至合同纠纷,差评很少;而L型卖方面临比较高的市场交易风险,即经常遇到买方要求退货、退款,甚至合同纠纷,差评不断。现实的电子商务市场存在信息不对称,买方开始购买时不知道卖方属于H型还是L型,购买并收到货物之后才知道卖方的具体类型。因此电子商务交易中存在着大量信息不对称的逆向选择问题,形成柠檬市场。

逆向选择下的电子商务第三方支付的契约时序如图 9-7 所示。

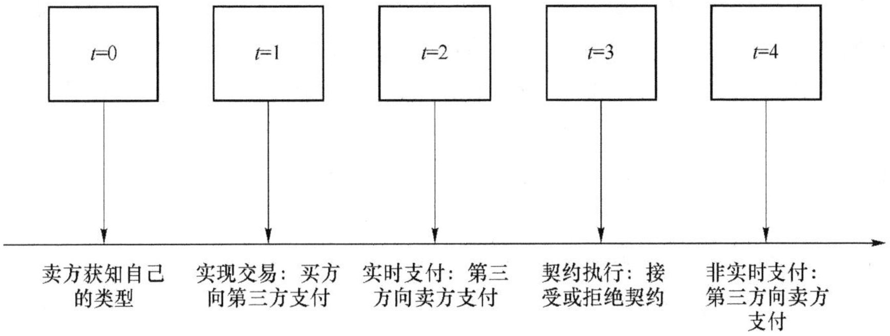

```
t=0        t=1        t=2        t=3        t=4
 ↓          ↓          ↓          ↓          ↓
卖方获知自己  实现交易：买方  实时支付：第三  契约执行：接   非实时支付：
的类型      向第三方支付    方向卖方支付   受或拒绝契约   第三方向卖方
                                                      支付
```

图 9-7　逆向选择下的电子商务第三方支付的契约时序

PayPal 利用电子商务本身先进的技术手段实现实时支付机制，其本质特点是采用立即交割的支付规则，在流程 $t=2$ 时第三方支付就把买方的付款支付给卖方。而商品契约尚未完成：当买方收到质量高的商品时，接受商品交易契约；当买方收到质量低的商品时，拒绝商品交易契约，要求退货退款。

而支付宝却是非实时支付机制，其最大的特点是采用"收货满意后，卖家才能拿钱"的支付规则，在流程 $t=4$ 时才由第三方支付平台向卖方支付，保证了交易的安全可靠。当流程 $t=2$ 时第三方并不把买方的付款支付给卖方。当经过流程 $t=3$ 时，即当买方收到质量高的商品时，接受商品交易契约；当买方收到质量低的商品时，拒绝商品交易契约，要求退货退款。只有完成交易之后，第三方支付平台才向卖方支付。同时，支付宝拥有先进的反欺诈和风险监控系统，可以有效降低交易风险。支付宝做出"你敢付，我敢赔"的服务承诺，只要在淘宝网用支付宝进行交易，如出现欺诈等行为，支付宝一经核实，会为会员提供全额赔偿，让消费者购物没有后顾之忧。

（2）支付宝与 PayPal 不同的市场机制

支付宝的市场机制。在电子商务市场交易中，H 型卖方面对较低的市场交易风险，相应承担比较低的市场交易成本；L 型卖方面对较高的市场交易风险，但由于"实时支付"，当 $t=2$ 时，卖方就获得从第三方支付的转移支付，从而方便逃避相应的市场交易风险，当 $t=3$ 时，买方才能获知卖方的商品的质量，决定是否执行契约或要求退货退款，L 型卖方可以推诿或逃逸，因此 L 型卖方实际承担比较低的市场交易成本。

PayPal 的市场机制。在电子商务市场交易中，H 型卖方面对比较低的市场交易风险，相应承担比较低的市场交易成本；L 型卖方面对比较高的市场交易风险，但由于"非实时支付"，当 $t=4$ 时，卖方才能获得从第三方支付的转移支付，从而无法逃避相应的市场交易风险，当 $t=3$ 时，买方已能获知卖方商品的质量，决定是否执行契约或要求退货退款，直接从第三方支付平台获得赔偿，至此 L 型卖方尚未拿到货款，根本无法推诿或逃逸，因此 L 型卖方实际承担比较高的市场交易成本。

这两种不同市场机制的第三方支付平台的卖方收益也不同，具体可以分为 4 种情况：

① "实时支付"的第三方支付平台交易中，H 型卖方因实际的比较低的交易风险和相应的比较低的交易成本，从而获得比较高的市场交易收益 $w=2$；

② "实时支付"的第三方支付平台交易中，L 型卖方因逃避交易风险和降低交易成本，

也获得与 H 型卖方类似高的市场交易收益 $w=2$;

③"非实时支付"的第三方支付平台交易中,H 型卖方因实际的比较低的交易风险和相应的比较低的交易成本,从而获得比较高的市场交易收益 $w=2$;

④"非实时支付"的第三方支付平台交易中,L 型卖方因无法逃避交易风险和相应的比较高的交易成本,从而获得比较低的市场交易收益 $w=1$。

实时支付与非实时支付都是第三方支付,为什么会出现这样截然相反的两种第三方支付机制呢?在低信誉卖方所占比例很高的市场中,无信息甄别时高信誉卖方所能得到的电子商务交易平均收益就很低,相应第三方支付平台的收益也下降,因此他们愿意承担信息甄别的成本,来使整个市场平均收益率提高,吸引更多信誉高的卖方积极参与市场交易。此时第三方支付平台的信息甄别是有助于提高电子商务交易效率的,即回报大于付出,于是信誉高的卖方就会积极支持第三方支付平台进行信息甄别"非实时支付"的分离均衡策略。这两种方式都是出于使自己利益最大化的目的所做的选择。成熟市场与尚待完善市场的不同在于第三方支付平台对不同卖方是否进行信息甄别。在现实的电子商务市场中 PayPal 和支付宝的区别在于一个市场机制没有进行信息甄别,而另一个市场机制采取了这种信息甄别的机制,而进行信息甄别的成本由第三方支付平台自己承担。这就使得 PayPal 的运作成本高于支付宝,最终宣布在中国市场的失败,而支付宝确立了在中国电子商务支付市场的领导地位。

支付宝在中国市场的成功不仅与其适应中国国情的商务模式有关,还与其创新的征信模式有关。

9.2.3 支付宝的征信模式创新

征信(Credit Investigation or Credit Reporting)是指对信用主体(市场参与者)的信用或资信状况进行调查报告的中介服务活动,主要作用是消除或降低信用交易双方的信息不对称。征信体系建设是我国社会与经济发展的必然要求,是我国市场经济的最新组成部分,是我国创新社会管理的重要内容之一。目前我国现存的三大征信体系是:金融征信体系、行政管理征信体系和商业征信体系。

阿里巴巴集团(以下简称阿里)是中国最大的电子商务公司,其利用自己的电商平台积累了巨量数据,构建了自己的信用数据库,在大数据和云计算等先进技术的支撑下建立了独特的征信模式——阿里征信模式。

支付宝是一款免费信用中介工具,旨在消除客户付款后发生资金纠纷的安全隐患。其运作实质是让支付宝公司作为交易资金保管的第三方中介,消费者选定商品后将应付款项划拨至支付宝账户,直至客户收到商品且满意后,再由此账户划款给卖方。支付宝作为第三方支付工具,解决了电子商务难以实现"一手交钱,一手交货"的缺陷,一定程度上缓解了交易风险给商家和消费者带来的顾虑。它的推出也标志着阿里巴巴开始涉足"准金融"领域。与支付宝对接的淘宝网和天猫商城具有环境透明、信息共享的特点,可以将消费者的每一笔交易都记录在数据库中,这样几乎零成本地获取了宝贵的消费数据,解决了数据收集困难的问题。数据平台多年的信息沉淀为阿里巴巴建立了可靠的信用数据库,从数据库挖掘的有效信息经过提炼可以与客户潜在的融资需求相结合,为其转型为"平台、数据、金融"服务中心打下坚实的基础。

收集了海量的数据之后如何利用这些数据为支付宝的支付功能服务呢？在国家有关政策的鼓励下，蚂蚁金融服务集团率先在征信方面做出创新，推出芝麻信用积分，根据用户芝麻信用积分的多少反映用户的信用水平。该产品是我国首个个人信用评分产品，是由计算机通过多维度的因子和数据，经过复杂的模型综合计算得出的，具体的评分模型主要关注5个维度：用户的信用历史、行为偏好、履约能力、身份特质以及人脉关系。其评分的数据来源十分广泛：包括但不限于用户线上消费的支付数据、蚂蚁金融服务的互联网数据、与其他商家建立的数据合作等。由此评估出的芝麻信用得分在350～950之间，主要分为不佳、中等、良好、优秀和极好5个区间，分数越高代表信用风险越小。

2015年1月5日，央行发布消息称，近日印发《关于做好个人征信业务准备工作的通知》，要求芝麻信用管理有限公司做好个人征信业务的准备工作，准备时间为6个月，这意味着，芝麻信用公司将会拿到个人征信牌照，开启我国网络征信时代。

9.2.4 其他主要第三方支付公司介绍

(1) 财付通

2005年，财付通成立，致力于为互联网用户和企业提供安全、便捷、专业的在线支付服务；2009年，推出手机支付，布局通信产业链，发布"会支付会生活"品牌新主张；2010年，推出开放平台战略，与物流行业龙头企业德邦物流合作，大力拓展物流行业；2011年，联合QQ彩贝创新推出混合支付，并与玫琳凯合作，开启直销行业深度合作；2013年，联合微信，发布微信支付，强势布局移动端支付；2014年，"微信智慧生活"全行业解决方案在餐饮、酒店、剧院、出行、物流等行业落地；2015年，从发红包到打车，从生活节到"双十二"抢占超市，社交平台与各个行业结合，作为服务的后端，连接人与人、人与商品、人与服务。(使用SWOT分析法对微信进行分析，我们可以发现，微信的独特优势是不可模仿的，并且具有其他竞争对手无法在短时间内超越的庞大客户群体。)

Analysys(易观)的研究认为，财付通的发展初期拥有较好的资源，腾讯旗下的各项业务为财付通提供了大量的独占市场，财付通依靠拍拍网和腾讯的各项其他业务迅速获得了一定的用户和交易流水。而随着财付通与微信的强强联手，财付通将自己的技术和平台优势与后者6亿的庞大用户量相结合，强势布局移动支付领域，并在此基础上大力发展互联网金融服务。财付通在支付产品创新方面具有一定的领先性，受制于其电子商务的发展不佳，其支付业务一直稍显落后，但是2014年其借助微信绑定了巨大数量的用户，移动支付业务将成为其未来第三方支付业务的突破口。2014年10月财付通与台湾支付连签订合作协议，12月与东京Pretty签订合作协议，随着全球支付市场的不断扩大，未来财付通支付业务将稳步上升。财付通2016年第一季度的交易额占中国第三方支付交易总额的20.1%，仅次于支付宝。

(2) 银商

银商(集团)有限公司(以下简称银商)的前身是银联商务股份有限公司，成立于2002年12月，总部设在上海。2007年3月，经政府部门批准，组建银商集团，并实施更名。银商是中国银联控股的国内最大的从事银行卡收单和POS专业化服务的全国性集团公司，北京银联商务有限公司是银商的子公司，是北京地区规模最大的银行卡收单和POS专业化服务的企业，北京银联商务有限公司是北京市政府、中国人民银行营业管理部根据北京市银行卡发展需要,为了改善北京市银行卡受理市场及支付环境建设,作为联网通用工程的一部分,而于2002年7月10日成立的。2011年5月26日,银联商务股份有限公司首批获得中国人民银行颁发的《支付业务许可证》,涵盖了银行卡收单、互联网支付、预付卡受理等支付业务类型。《支付业务许可证》的颁发体现出监管机构对银联商务业务模式与合规措施的充分认可,更为公司拓展服务领域、提升服务水平创造了更为有利的发展条件。

北京银联商务有限公司由于是依托联网通用工程建立起来的,所以在成立的最初几年,是带有政府强制性色彩来推广业务的,基本是没有竞争对手的,由于其在北京地区一家独大,主要依靠银行卡收单业务的手续费分润,又因为北京市政府和中国人民银行、各家商业银行的支持,似乎也不用考虑企业的战略发展,只要维持现状就很好了。但是近年来我国第三方支付市场呈现快速发展的趋势,市场规模越来越大,市场的竞争也越来越激烈,银商集团的这种优势正在逐步降低。

截至2016年6月底,银联商务已在全国除台湾以外的所有省级行政区设立机构,市场网络覆盖全国337个地级以上城市,覆盖率100%,服务特约商户231.3万家,维护POS终端313.7万台,分别占银联联网商户和联网POS终端的32.5%、37.8%。服务ATM 1.35万台,服务自助终端11.5万台,便民缴费终端67.84万台,是国内最大的银行卡收单专业化服务机构。2016年第一季度银商的交易额占中国第三方支付交易总额的11.1%。

(3) 快钱

快钱公司成立于2005年,是中国领先的独立第三方支付企业,总部设在上海。公司致力于运用信息技术和颠覆式创新思维,降低金融服务门槛,提高金融服务效率,使千千万万中国企业能够平等享有高效金融服务的机会,从而为企业的发展加速,在中国已经形成了完善的战略布局。如今,快钱正在与超过300万家各类商业合作伙伴一道,共同见证着信息化金融服务的巨大价值。快钱创新的信息化金融服务广泛应用于零售、商旅、保险、电子商务、物流、制造、医药、服装等各个领域;合作伙伴覆盖东方航空、南方航空、平安集团、中国人寿、京东商城、当当网、宅急送、百度、新浪、李宁、联想、戴尔、神州数码等各行业内领军企业,同时也延伸到越来越多成长型的中小企业之中。

2014年12月26日上午,万达集团正式与快钱公司签署战略合作协议,并获得快钱控股权,双方业务将紧密合作。此次交易未公布具体的成交金额及万达持股比例。2016年快钱第一季度的交易额占中国第三方支付交易总额的7.0%。

(4) 中金支付

中金支付有限公司成立于2010年2月4日,注册资金1亿元,是中金金融认证中心有限公司(即中国金融认证中心,CFCA)的全资子公司。中金支付有限公司的前身为国家发展改革委设立的专属项目,2005年国家发展改革委下达了《国家发展改革委员办公厅关于组织实施电子商务专项的通知》,中国人民银行科技司成功向国家发展改革委申报了"统一的电子商务安全网上支付平台"项目。

中金支付平台是在中国人民银行科技司的全程监督下,在国家发展改革委电子商务专项资金的扶持下建立起来的第三方网上支付平台。母公司中国金融认证中心是国内金融领域权威公正的第三方认证机构。2011年年底,中金支付获得中国人民银行颁发的第三批《支付业务许可证》。2016年第一季度中金支付的交易额占中国第三方支付交易总额的5.1%。

(5) 汇付天下

汇付天下有限公司(简称汇付天下)于2006年7月成立,总部设于上海,并在北京、深圳、成都、重庆等地设有分支机构,注册资金1亿元人民币,核心团队由中国金融行业资深管理人士组成。汇付天下定位于金融级电子支付专家,与国内商业银行及国际银行卡组织均建立了合作关系,聚焦金融支付和产业链支付两大方向,核心竞争力是为行业客户快速准确定制支付解决方案,创新研发电子支付服务产品,推动各行业电子商务的发展。

2011年中国人民银行向上海汇付数据服务有限公司(汇付天下)颁发《支付业务许可证》,汇付天下成为首批获得"支付牌照"的支付公司。汇付天下专注于做金融级电子支付专家,深耕行业。汇付天下成立以来保持了快速发展,年支付结算量已超千亿元。2016年第一季度汇付天下的交易额占中国第三方支付交易总额的5.0%。

(6) 易宝支付

2003年易宝支付在北京成立,开始移动支付创业;2005年,首创"手机绑定账户"的短信支付方式,引领行业创新;2006年,联合中国工商银行开通全国电话支付,满足航空行业通过电话、手机付款的需求,最早进军移动端,但是受限于当时的监管和技术条件;2007年,推出EPOS产品,并完善全程电子化支付解决方案,应用于航空行业,满足平台模式收款、付款、资金实时分账结算需求,同时优化担保支付,解决了电子商务平台供应商及采购商之间的信任问题。此后易宝支付推广并应用于电商、游戏、教育、电信等行业;2012年,率先推出一键手机支付产品,用于手机游戏、移动网络购物、教育等行业及App应用服务;2014年,全新打造移动资金托管账户系统,满足互联网金融行业手机端理财及贷款平台用户的开户、充值、提现等金融支付需求;2015年,推出掌柜通,为B2B+O2O类企业提供收付款和行业上下游的分账等一整套解决方案,在移动互联网金融行业推出移动管家——投资通,采用基金、保险、银行理财等金融行业保障投资人安全交易的金融规则,满足投资人手机随时大额投资需求及本息及时到账的需求,打造了移动端B2B+O2O+金融支付。

易宝支付在电子支付市场发展初期重点发展的电话支付没有达到预期的规模。虽然后来易宝支付在整个电话支付市场仍占据领先者角色,但是整个电话支付市场的发展低于预期。互联网金融业务的推出,迈出了其"支付、金融、营销、征信"战略的重要一步。在未来,借助上海和付信息技术有限公司的信息优势,易宝支付有望在移动支付领域获得更大的成就。2016年第一季度易宝支付的交易额占中国第三方支付交易总额的3.9%。

(7) 京东支付

京东支付是京东金融于2014年7月推出的新一代第三方支付产品,实现了真正意义上的一键支付。用户只需一张有预留手机号的银行卡及验证短信即可完成支付,无须开通网银,无须注册第三方账户或记忆密码。

京东支付安全、便捷的用户体验是提升订单成功率的有力支持。对商户而言,京东支付提供了更为简化的标准化接入,确保每一家商户的付款都是同样的便捷,提高商户的订单成功率。商户仅需将京东支付嵌入到自己的应用中,无须跳出应用,即可让用户通过京东支付窗口完成全部支付过程。在风险控制方面,京东支付提供金融级风险防范,为商户资金提供多重安全保障。

京东支付2016年第一季度的交易额占中国第三方支付交易总额的1.5%,而2014年京东支付还没有进入前10名,可谓发展迅猛。

(8) 易付宝

南京苏宁易付宝网络科技有限公司是苏宁云商集团股份有限公司旗下的独立第三方支

付公司,注册资金1亿元,成立于2011年,并于2012年6月取得中国人民银行颁发的第三方《支付业务许可证》。目前,易付宝注册会员数超过3 000万人,年交易量近200亿元,已和全国30多家主流银行建立了深入的战略合作关系,线上支付覆盖全国100多种银行卡,成为金融机构在电子支付领域最为信任的合作伙伴之一。

易付宝优质的服务赢得了消费者广泛的认可,倡导让消费者在支付的同时,享受支付的乐趣。2016年第一季度易付宝的交易额占中国第三方支付交易总额的1.4%。

(9) 宝付

宝付网络科技(上海)有限公司(简称宝付)是一家第三方支付公司,成立于2010年,并于2011年年底获得央行颁发的第三方支付牌照。宝付第三方支付平台拥有完善的功能,产品与服务灵活自助,广泛应用于互联网及移动互联网,覆盖30多个行业市场,如B2C线上商城、B2B电子商务、数字娱乐、社区交友、互联网金融、公共事业、国际会议、航空旅游……目前与宝付签约的商家已经超过20 000个,每日交易数超过1 000万笔,宝付坚持整合各类资源,聚焦行业市场,为中小微企业提供一站式支付解决方案。2016年第一季度宝付的交易额占中国第三方支付交易总额的0.9%。

(10) 拉卡拉

拉卡拉支付股份有限公司成立于2005年,是联想控股旗下的高科技金融服务成员企业。以支付为起点,拉卡拉将服务内容定位在线下便利支付。2007年,拉卡拉率先在北京、上海地区展开拉卡拉便利支付点建设,上海地区近2 000家快客便利店成为拉卡拉便利支付首批客户。随后,拉卡拉与便利店合作,开始在全国布局设立便利支付点,使其融入城市居民的日常生活。

2011年,拉卡拉推出了针对小微商户及大中型连锁商超的系列POS产品和服务,随后,其又推出针对个人用户的手机刷卡器及多功能的手机银行。在移动支付的大幕逐渐开启之时,2013年,拉卡拉适时推出手机收款宝、手机钱包和开店宝三款创新性产品,全方位布局移动POS收单、移动客户端支付和线下平台化电商多重领域,这些布局实际上都是围绕满足普通百姓的日常生活刚需设计的。在支付牌照制度设立时,拉卡拉成为第一批获得中国人民银行颁发的全国性全品类支付牌照的企业之一。

(11) 百度钱包

2014年4月15日,百度正式推出旗下支付业务品牌百度钱包;2015年8月,发布百度源泉商业平台,形成"支付服务商+卡券专业化供给商+O2O数据营销商"的新形态;2015年9月,推出百度消费众筹平台,跨界营销,连接消费与金融;2015年11月,联合上百万家商户正式推出"常年返现计划"。百度钱包成为"随身随付、让优惠无处不在的钱包",它提供超级转账、付款、缴费、充值等生活服务,同时提供百度理财等资产增值工具。百度钱包是一个开放的支付平台,它打通O2O生活消费领域,将各式各样的移动生活服务与用户直接关联并精准对接,帮助商户把信息呈现给消费者,让消费者通过最简单的方式完成商品的购买。

第 10 章　中国移动支付发展与基础电信服务业的开放战略

中国电信服务业的开放战略依次分为 3 个层次：业务层面的开放（即电信服务产品的开放）、网络层面的开放、所有权的开放。

1. 电信业务层面的开放

自改革开放以来，中国对基础电信服务业先后实施了一系列有助于市场开放与竞争的改革措施，例如，1994 年以成立中国联通为标志的引入竞争机制，1998 年邮政与电信业务的分营，2000 年原邮电部电信总局的政企分离。中国在剥离了无线寻呼、移动通信和卫星通信业务之后，分别成立了中国电信集团公司和中国移动集团公司，同年，中国铁通公司成立。2002 年中国电信实施南北拆分等。其中，最近一次重组完成于 2008 年。当时，为了迎接北京奥运会的召开、兑现申办时的承诺，国家发展改革委、信息产业部和国资委共同研究决定将原有的 6 家基础电信运营商重新整合为 3 家全业务经营的中央国有控股电信企业，即中国移动、中国电信和中国联通，并向 3 家企业全部颁发了第三代移动通信（3G）的牌照。

与此同时，中国也先后探索了各种投资主体多元化的开放模式，例如：1983 年原邮电部电信总局与英国大东电报公司在深圳成立的区域型基础电信业务运营公司"深大电话公司"，2007 年成都市试点的向民营资本开放固定电话网最后一公里——用户驻地网的"泰龙模式"，近年来正在推行的民营资本从事通信业务转售、分销以及虚拟运营的政策，向民营资本开放用户宽带接入网的政策，以及部门间相互开放的"三网融合"政策等。此外，行业主管部门还试行了用户携号转网和基础设施共建共享等一系列举措，希望借此促进基础电信服务业的有效竞争。

近年来，中国电信服务业对外开放步伐开始加大。2013 年 5 月工业和信息化部出台《移动通信转售业务试点方案》，鼓励民营资本进入基本电信领域。同年，上海自贸试验区成立后，进一步对外资开放增值电信业务，在中国界定的 8 项增值电信业务中有 7 项进行了开放试点。2014 年 1 月 6 日，工业和信息化部和上海市人民政府发布《关于中国（上海）自由贸易试验区进一步对外开放增值电信业务的意见》，明确：一是对 WTO 承诺开放，但外资股比不超过 50% 的信息服务业务（仅含应用商店）、存储转发类业务两项业务外资股比不受限制，在线数据处理与交易处理业务（经营类电子商务）外资股比放宽到 55%；二是新增试点开放 4 项业务，即呼叫中心业务、国内多方通信服务业务、因特网接入服务业务（为上网用户提供因特网接入服务）、国内因特网虚拟专用网业务。其中，前 3 项外资股比不受限制，国内因特网虚拟专用网业务外资股比不超过 50%。

中国电信服务业的对外开放较好地引进了外部竞争，极大地促进了电信产业尤其是增值领域的市场化改革和创新，提升了行业的整体水平。

基础电信业务的开放是一个渐进式的过程。从中国加入WTO电信服务业的开放承诺看,开放的领域是逐渐递进的,增值电信领域开放后逐渐开放基础电信。刚加入WTO时仅开放GNS/W/120电信服务项下(h)类到(n)类的电信增值服务和基础电信中的无线寻呼服务;加入后一年逐渐开放移动语音和数据服务;加入WTO后3年,才允许外资进入众多国内和国际的基础电信业务,包括语音服务、分组交换数据传输服务、电路交换数据传输服务、传真服务、国内私有线路租赁服务和国际闭合用户群的语音和数据服务等。同时,开放的区域也是渐进式的,由少数城市先行开放逐渐向二、三线城市过渡,最后推及全国。首先在北京、上海、广州允许外资进入;其次允许外资进入成都、重庆、大连、福州、杭州、南京、宁波、青岛、沈阳、深圳、厦门、西安、太原、武汉14个城市;最后才在全国范围内放开。

基础电信业务的开放总体水平不高。与其他服务业相比,电信对外开放处于较低水平。基于Hoekman频度法对中国WTO服务业的开放承诺进行度量的结果显示,中国电信服务市场准入的开放度仅为0.44,低于九大行业的平均开放度0.55,仅高于金融和教育行业的开放度。从2014年OECO发布的服务贸易限制指数结果中可以看到,中国电信服务的贸易限制指数为0.53,高于中国18个行业的平均限制指数0.45,仅次于速递、广播和航空运输的限制程度,处于倒数第四位。

从国际比较看,中国电信服务开放水平较低。从OECD发布的服务贸易限制指数结果可以看出,在34个国家中,中国电信服务贸易限制指数为0.53,仅低于印度尼西亚,高于0.22的平均水平。与美国、欧盟等发达国家相比,中国电信服务对外开放水平明显偏低,甚至在发展中国家中,对外开放程度也较低。主要原因在于中国对外资进入电信服务领域的限制及竞争障碍较多。

行业需要进一步扩大开放,提升国际竞争力需要进一步扩大电信服务业对外开放水平。中国没有单独统计电信服务贸易数据,而使用的是通信服务贸易数据。总的来说,在法律法规和政府监管相对完善的条件下,电信服务对外开放有利于产业国际竞争力的提升。以发达国家的经验看,美国和欧盟国家在电信服务领域的开放水平远高于日本,相应地,这些国家电信服务的国际竞争力也明显高于日本。纵向看,加入WTO后,尽管中国电信行业快速发展,出口规模不断扩大,但由于电信服务对外开放管制过多,国际竞争力并没有得到明显提升;横向看,2013年,中国电信服务业竞争力不但远低于美国、英国等发达国家,甚至低于印度、巴西等发展中国家。在国家对电信服务的绝对垄断中,中国电信行业的发展与世界强国的差距越来越大。因此,中国需要在不断完善法律法规和政府监管的基础上,平衡和协调好开放和监管的关系,进一步加快电信行业的市场化改革和对外开放,不断引进良性竞争,促进行业健康发展。

2. 电信产业网络层面的开放

电信网络的规模直接决定其对用户的价值,这种网络外部性的存在使得不同的运营商之间的互联互通始终是引起争议的领域。中国的网间互联互通问题形式多样,主要涉及固网之间、固定网与移动网以及互联网与骨干网之间的互联互通。信息产业部从技术和经济两个层面着手解决网间互联互通问题,而经济层面更为关键。2001年5月10日,信息产业部颁布了《共用电信网间互联管理规定》,2001年11月19日起施行的《电信网间互联争议处理办法》为中国电信网网间互联管理制定了依据,并"自1999年起,信息产业部先后3次制定和修改了电信网间话费结算办法",作为网间互联问题的具体解决依据,"分别是1999

年 10 月 1 日起施行的《电信网间通话结算办法(试行)》、2001 年 3 月 21 日起施行的《电话网间通话费结算办法》和 2003 年 12 月 1 日开始实施的《公用电信网间互联结算及中继费用分摊办法》"。2003 年 2 月,信息产业部还委托中国社会科学院数量经济与技术研究所和麻省理工学院相关人员,通过成本测算制订出合理的网间结算费。这种探讨对于今后网间互联成本的确定是一种有益的尝试。

随着互联网化的加速推进,网业分离越来越成为趋势。根据工信部的声明,建立"国家铁塔公司"是为了提高电信基础设施共建共享的水平,降低网络建设的成本,促进节约和环保。由于三大运营商处于竞争关系,而竞争的优劣很大程度取决于网络覆盖的水平。为了能够保持覆盖优势,网络占有优势的运营商往往拒绝和竞争对手共享基础设施。即使工信部多次下文督促,效果还是十分有限。而通过 3 家运营商共同组建"国家铁塔公司"的方式,国家不仅可以解决这一难题,还可以为将来的"网业分离"打下基础,可以说是一举两得。

3. 电信企业所有权层面的开放

电信服务作为一个基础性的战略性产业,其产业的自然垄断性和开放涉及国家信息和网络安全,因此,主权国家对电信服务的开放都是慎重的,中国也不例外,在对外开放中保持了较多限制。在协议开放中,现有开放的四块业务明确规定电信增值服务和寻呼服务有外资股比 50% 的上限;移动语音和数据服务以及国内和国际基础电信服务有外资股比 49% 的上限。上海自贸区尽管进一步开放了电信服务,但由于这种进一步开放是在基本处于充分竞争的增值业务领域,而且对外资企业不管是注册地和服务设施,还是股权方面依旧保留较多限制。此外,外资企业面临的监管壁垒(如将产品安全凭证与知识产权来源地挂钩等)、有别于国际惯例的网络安全政策等,也构成了外资企业进入通信领域的事实壁垒,导致外资企业即使以组建合资企业的方式也无法进入大部分的服务市场。据统计,目前电信服务领域的外资企业进入非常有限。如在增值电信领域,仅有 34 家合资公司获得了电信服务许可,而行业内发放的电信增值业务牌照近 3 万个,外资企业数占比不到 2%,并且外资企业业务员都集中在跨区域电信增值服务的分市场。虽然合资公司可以进入基础电信领域,但由于基础电信业务投资成本高、风险大,且股权有 49% 的上限,外国投资者无法获得经营管理权,最终导致合资企业进入基础电信领域非常困难。外资企业进入基础电信领域主要是通过三大巨头(中国电信、中国移动和中国联通)的战略投资者引进,到 2013 年 7 月,3 家企业外资股权占比分别达 19.53%、25.92% 和 23.72%。但可以看出,在基础电信领域,政府依旧占据主导地位,中国电信、中国移动和中国联通的国家股权份额分别达到 70.89%、74.08% 和 63.3%。

2017 年 8 月 16 日,中国联通 A 股公司发布公告混改方案。具体措施分两步走:一是通过引入战略投资者,借力外部资源及能力和创新商业合作模式,实现战略业务协同;二是改革机制体制,建立有效的公司治理机制和市场化激励机制,提升活力。最终的目标是提升企业效益,创造更好的股东和员工回报。

混改融资方案:①战略投资者向联通 A 股公司认购约 90 亿股新股,并向联通集团公司购入 19.0 亿股联通 A 股公司股票,共占扩大后已发行股本 34.9%,价格为每股人民币 6.83 元;②拟向核心员工授予约 8.5 亿股限制性股票,价格为每股人民币 3.79 元。总交易对价约为人民币 780 亿元。本次募集资金净额将由联通运营公司用于 4G 能力提升、5G 组网技术验证、相关业务使能及网络试商用建设项目以及创新业务建设项目。

混改后联通 A 股公司股权结构：联通集团公司持有联通 A 股公司 36.7% 的股权，战略投资者占比 35.2%，员工股权激励占比 2.7%，公众股东占比 25.4%。引入的战略投资者大都实力雄厚，与联通具有协同效应，可以优势互补，具体包括：中国最强四大互联网公司（阿里巴巴、百度、腾讯以及京东）、垂直行业公司（苏宁云商、滴滴、网宿科技、用友以及宜通世纪）、金融企业集团（中国人寿、中国中车）、产业基金（中国国有企业结构调整基金股份有限公司、前海母基金）。

与战略投资者优势互补，创新合作，形成利益共同体：① 与国内最强的互联网公司可以在零售体系、渠道触点、内容聚合、家庭互联网、支付金融、云计算、大数据以及物联网等领域进行深入合作；② 与垂直行业公司在物联网、CDN 以及系统集成等领域展开合作；③ 与金融领域、产业集团在产业互联网、支付金融领域合作；④ 与产业基金中投资的大量央企、地方国企、民营企业进行更多对接，共同发掘业务合作机会，促进合作共赢。

推进机制体制改革，提升活力。① 建立健全协调运转、有效制衡的混合所有制企业公司治理机制。适当引入新股东代表担任 A 股公司董事，进一步优化多元董事会组成结构，明确董事会在公司的核心地位，强化董事会重大决策、选人用人、薪酬分配等权力，加强经理层建设，探索经理层市场化选聘机制和市场化管理机制。② 建立员工与企业利益共享、风险共担的市场化机制。拟建立股权激励机制，实现股东、公司、员工利益一致，更好地实现"收入能增能减、岗位能上能下、员工能进能出"；同时维护好员工的基本权益，推进全生产场景划小承包，激发团队和员工的内生动力和活力，以业绩为导向优化薪酬内部分配机制，实现多劳多得。

10.1 基于封闭的基础电信服务业的中国移动支付市场结构

根据艾瑞咨询的统计数据显示，2016 年第一季度中国第三方互联网支付交易规模达到 40 584.3 亿元，同比增长 67.0%，环比增长 14.4%。

整个电子商务第三方支付市场的格局有所变动，互联网金融业务增长迅速。2016 年第一季度电子商务第三方支付市场的交易规模市场份额中，支付宝占比 43.3%，财付通占比 20.1%，银商占比 11.1%，快钱占比 7.0%，中金支付占比 5.1%，汇付天下占比 5.0%，易宝支付占比 3.9%，京东支付占比 1.5%，易付宝占比 1.4%，宝付占比 0.9%，如图 10-1 所示[①]。

2017 年，央行要求合并的最后一张支付牌照被注销，至此，已有 24 家支付机构因为严重违反支付规定、合并、不予续展等被注销《支付业务许可证》，271 张支付牌照仅剩下 247 张。而随着资源的稀缺，市面上牌照的价格也是水涨船高，飙升到十几亿一张[②]。但从交易规模看，支付宝和财付通占据前两名，形成了第三方支付市场的两大寡头企业，其他支付企业也占据一定的市场份额，呈现出"百花齐放，百家争鸣"的态势，说明中国电子商务第三方

---

① 电子商务第三方支付是指用户通过台式计算机、笔记本式计算机等设备，依托互联网网络发起支付指令，实现货币资金转移的行为；统计企业中不包含银行、银联，仅指规模以上非金融机构支付企业。

② 引自 http://news.chinaxiaokang.com/dujiazhuangao/2017 年/0920/250229.html。

支付市场的竞争还是比较激烈的。虽然处于优势地位的支付宝仅占到43.3%,还没有处于绝对垄断的地位,但是支付宝的占比将近是排名第二位的财付通的2倍,支付宝一家独大的现象比较明显,而且就目前来看,支付宝的领先地位难以被撼动。

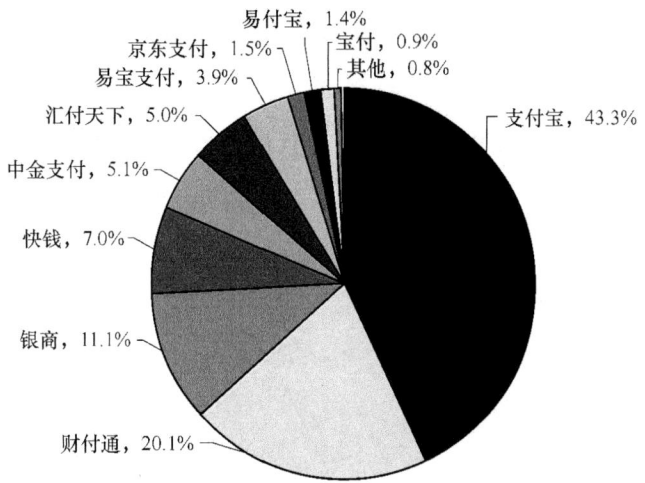

图 10-1　2016 年第一季度中国电子商务第三方支付市场份额①

上述内容是从各电子商务第三方支付企业交易份额的角度去理解他们所处的市场地位,现在从另一个角度——用户数——来看各自的市场地位。本章选取的指标是活跃的用户数量,这个指标能更直观地表现各企业真实的用户数。

比达咨询(BigData-Research)数据中心的监测显示,2016 年 7 月第三方支付月活跃用户排名中,支付宝钱包依旧占据龙头地位,月活跃用户达到 18 874.6 万人,翼支付②排在第二位,月活跃用户数为 590.8 万人,财付通排在第三位,月活跃用户数为 485.4 万人,京东支付和手机支付③位居第四、第五位,月活跃用户数分别为 390.2 万人和 182.6 万人④。

从表 10-1 可知,无论是从交易额来看,还是从活跃用户数来看,支付宝都占据中国第三方支付市场的头把交椅,行业垄断优势明显。支付宝为买家提供简单、安全、便捷的购买和支付方式,极大限度地减少了买家的流失。同时支付宝与国内各大银行建立了稳固的战略合作关系,使支付宝成为电子支付领域最值得信任的合作伙伴。排名第二位的翼支付因为背靠中国联通,与其拥有庞大的用户数不无关系。财付通得益于腾讯 QQ 和微信这两个社交平台,使用财付通的活跃用户数明显是偏低的,考虑社交平台具有较强的用户黏性,财付通的表现是值得期待的。

---

① 数据来源主要是综合企业及专家访谈,根据艾瑞统计模型核算。
② 翼支付是中国电信旗下运营支付和互联网金融的业务品牌,翼支付支持各类线上线下民生支付应用,通过添益宝、天翼贷、交费助手、交费易、翼支付碰碰等业务为个人、商户提供综合性的互联网金融服务,同时为政企类客户提供专业性的行业解决方案。
③ 手机支付也称为移动支付(Mobile Payment),是指允许移动用户使用其移动终端(通常是指手机)对所消费的商品或服务进行账务支付的一种服务方式。如果具体到企业,又可以分为 Apple Pay、华为 Pay、三星 Pay 和小米 Pay 等,由于各家支付所占份额较少,故将其合并到一起进行统计。
④ 数据来源:比达咨询数据中心。

表 10-1　2016 年 7 月各第三方支付活跃用户数

第三方支付企业	支付宝	翼支付	财付通	京东支付	手机支付	壹钱包	拉卡拉
月活跃用户数/万人	18 874.6	590.8	485.4	390.2	182.6	169.2	134.8
排名	1	2	3	4	5	6	7

10.2　基于开放的基础电信服务业的中国移动支付市场交易的微观结构

中国移动支付参与实物交易和电子商务交易的市场微观结构,如图 10-2 所示。

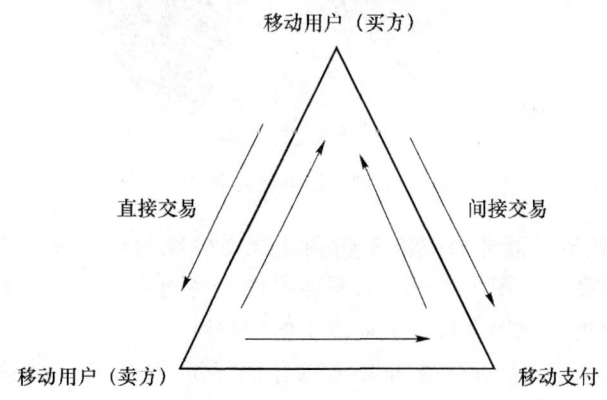

图 10-2　中国移动支付市场的微观结构

中国移动支付市场的微观结构是买卖双方直接交易和通过移动支付的间接交易相结合的激励相容的机制。

在移动支付这个纯粹交换的框架内,在搜寻、谈判、沟通、计算、缔约以及监督中存在的正常摩擦意味着,移动用户之间的均衡交易并不能获得交易的全部潜在利益,不管这个均衡怎样定义。换句话说,在直接交易的均衡机制中,商品的分配至少与不摩擦的情况相比不是帕累托最优的。用户之间的边际替代率是不相等的。由于存在交易的摩擦,某些商品甚至无法交易。因此,直接交易的交易成本造成的结果是,能够增加每个用户利益的商品分配的潜在市场空间是存在的。

这就为移动运营商作为移动支付的创造性交易带来了获利的机会。这些交易能够实现那些在直接交易时无法获得的交易利益。形成由移动运营商来集中交易,为充当物品与服务的买方和卖方担当交易的移动支付。

移动运营商作为移动支付的参与可以改进买方和卖方之间的信息沟通,因而克服了信息的不对称。移动运营商因为具有更好的承诺能力,因而可以使买方和卖方进行更多交易专用的投资。由于移动运营商参与了许多交易,从而可以获得更多市场信息,移动运营商因而可以知道哪些物品和服务能更好地反映买方的偏好或卖方的生产可能性。

移动运营商作为移动支付根据他们期望获得的交易收益的份额来寻求最好的交易活动。移动运营商的所得取决于买方的支付意愿与卖方的机会成本之间的差(扣除交易的成本）。随着交易者寻求最好的交易,最后的结果是将扣除交易成本之后的交易净收益最大化。在考虑了交易成本以后,不仅产生了最好的组织边界,而且产生了有效率的市场机制,所以,移动运营商作为移动支付的参与取决于经由移动支付的交易是否比较有优势,这是这个市场效率的权衡条件。

移动运营商的参与减少了移动支付市场的买方和卖方的交易成本。因为集中了信息和建立了信誉,移动运营商的参与克服了移动支付市场中的道德风险和逆向选择问题。因为有承诺的能力,所以作为中介的移动运营商削弱了市场的机会主义,并减少了对生产性资产的获得,改善了市场的效率,因而提供了除在组织内部配置资源之外的另一个途径。

10.3 基于开放的基础电信服务业的中国移动支付市场理论分析的机制设计

尽管在现实中,移动支付与传统信用移动支付的合作比较缓慢,但是这是社会分工发展的大势所趋。随着分工的演进,移动支付可以引入商业银行作为信用服务的金融中介服务,形成迂回生产活动。在超边际分析框架中的生产系统与新古典的生产函数和禀赋约束的不同之处:前者是生产-消费者,后者是企业;前者包括一项适合每个人的时间禀赋约束,但没有其他任何禀赋约束;前者劳动生产率由个人的专业化水平决定。

本章用杨小凯的专业化经济与交易费用之间的两难取舍的超边际分析框架来说明,现阶段非完全分工的移动支付的市场微观结构(见图10-2)的经济组织结构为何得以流行,而且未来阶段将是完全分工的移动支付的市场微观结构(见图10-3)。

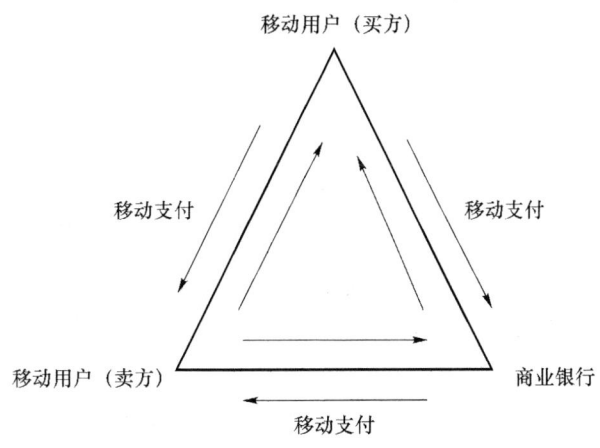

图10-3 中国移动支付的市场交易微观结构

第三方支付客户备付金遭遇严监管。随着移动支付场景的越发丰富,近年来第三方支付得到了较快发展。据央行公开数据显示,截至2016年第三季度,267家支付机构吸收客户备付金合计超过4 600亿元。所谓客户备付金其实就是大家日常购物中要支付给商家的货款,但在第三方支付的模式下,这些钱并不是直接转入到商家的账户中的,而是先存放在第三方支付机构的账户中,而当买方确认收到商品时,第三方支付机构再将此前的货款转入商家的账户中。

但目前客户备付金已扩大到如此规模,这当中难免会存在着一系列的风险隐患。央行指出:一是客户备付金存在被支付机构挪用的风险;二是支付机构违规占用客户备付金,用于购买理财产品或其他高风险投资;三是支付机构通过在各商业银行开立的备付金账户办理跨行资金清算,超范围经营,变相行使央行或清算组织的跨行清算职能;四是客户备付金的分散存放,不利于支付机构统筹资金管理,存在流动性风险。

此外,央行还特别强调,许多支付机构通过扩大客户备付金规模赚取利息收入,偏离了提供支付服务的主业,一定程度上造成支付服务市场的无序和混乱,破坏了公平竞争的市场环境。

其实,这也正是为什么第三方支付机构为抢夺市场份额而竞争的原因。然而,为了杜绝上述风险,央行于2017年1月13日发布了《中国人民银行办公厅关于实施支付机构客户备付金集中存管有关事项的通知》,明确规定自2017年4月17日起,支付机构应将客户备付金按照一定比例交存至指定机构专用存款账户,该账户资金暂不计付利息。

这也就是说央行要求第三方支付机构上交一定的客户备付金,而这部分客户备付金是不付给第三方支付机构利息的,这也就防止了支付机构以"吃利差"为主要营利模式。中国移动支付市场交易的理论分析的机制设计如图10-4所示。

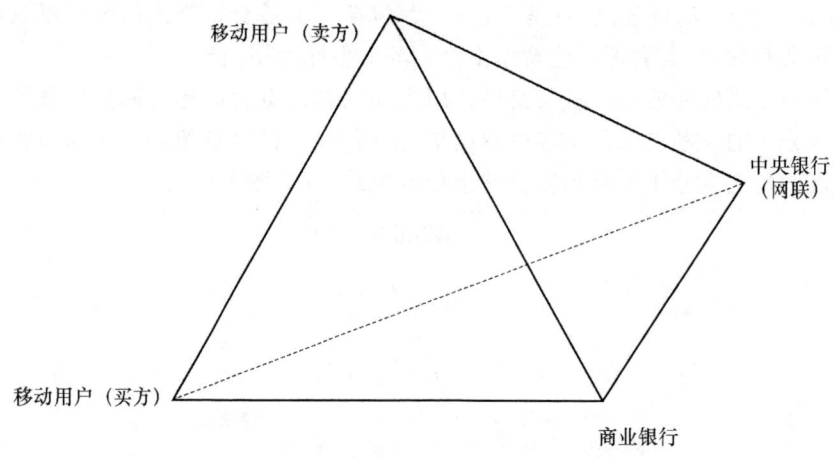

图10-4 中国移动支付市场交易的理论分析的机制设计

2017年,央行下发了《关于将非银行支付机构网络支付业务由直连模式迁移至网联平台处理的通知》(以下简称《通知》),该《通知》明确要求,各银行和支付机构于2017年10月15日前完成接入网联平台和业务迁移的相关准备工作,而2018年6月30日起,支付机构受理的涉及银行账户网络支付业务全部通过网联平台处理。

具体来看,2017年3月底,网联平台上线试运行,其首笔跨行清算交易通过微信红包由腾讯财付通平台发起,而支付宝、财付通、京东网银在线、百度钱包等成了首批接入网联平台的第三方支付机构。截至目前,已有9家支付机构和12家商业银行完成网联平台接入。而2017年年底,网联平台计划通过技术验收并接入40家第三方支付机构、200家商业银行,接入支付机构的交易也将逐步放量。

此前,由于第三方支付机构与各家银行直接对接,出现了客户交易央行无法监管的情况。海通证券表示,第三方支付机构通过多家银行开设客户备付金账户,实现资金的跨行清算,初衷是为了省去银联分润,节约支付成本。而后来"直连模式"逐渐成为第三方支付机构的竞争壁垒,变成主流的支付模式,但是在监管层面来看,资金流、信息流不透明,容易出现问题,所以一直在筹备网联平台。

10.4 基于开放的基础电信服务业的中国移动支付将引领世界移动支付革命的浪潮

10.4.1 运营商发力移动支付市场

中国移动早已涉水移动支付领域。据了解,在2010年上海世博会举办之前,中国移动就曾与申通集团合作并推出手机钱包"刷机进站"的服务。然而,当时使用的是RFID芯片,因这种芯片无法向上兼容银联力推的近场支付标准NFC技术,导致使用该服务的用户除了乘地铁可以"畅通无阻"外,其他的支付场景消费均受到极大的限制,这也直接加大了其市场推广的难度。

中国移动和浦发银行、上海地铁三方联合推出的"刷机进站"是原有服务的"升级版"。与原有服务相比,"升级版"的最大突破便是兼容了近场支付标准NFC技术,并且实现手机卡、银行卡与地铁支付"三合一",也就是说用户除了可以用它乘地铁,还可以在其他的支付场景消费。有关负责人介绍,使用该服务的用户可以在上海本地任何一台标有银联"QuickPass"标识的POS终端上,进行1 000元以内的小额快捷支付,或是选择贷记账户进行大额联机交易。

除中国移动外,中国电信和中国联通也在移动支付领域"跑马圈地",特别是2013年,是运营商在移动支付领域集体发力的一年。其中,2013年6月,中国移动宣布联手浦发银行力推NFC手机钱包业务;2013年9月,中国联通联合多家金融机构、商家以及公共服务部门推出自有的手机钱包业务,并加载了银行卡、交通卡等多种应用;2013年11月,中国电信联合中国银行、中国银联等多家金融机构推出自有的手机钱包"天翼手机钱包"。[①]

10.4.2 运营商移动支付业务发展存在两大短板

运营商钟情于移动支付市场并加速在该市场的布局,但这并不能说明运营商在移动支付市场就能获得成功,相反,与其他业务相比,移动支付更像是一块"难啃的骨头"。工业和信息化部发布的《2013年及第四季度电信服务质量情况》显示,基础电信企业手机支付用户为366.3万户,同比增长31.4%。与动辄上亿用户的互联网公司的支付业务相比,运营商的移动支付发展状况着实令人着急。在移动支付领域运营商花的力气不小,却没有得到相应的回报,这是为何?

在NFC成为三大运营商移动支付的标准之前,RFID-SIM和SIM-PASS是当时运营商

---

① 引自http://www.chinadaily.com.cn/hqgj/jryw/2014-02-24/content_11276763.html。

选用的两大支付标准。其中,RFID-SIM 的支付费用是通过手机账单来收取的,撇开银行的支付方式自然受到银行业的反对,而这种"先天不足"也导致其在推广前期就"夭折";SIM-PASS 是一种多功能的 SIM 卡,但其抗屏蔽效果差、缺乏产业链支撑的弱点使其与国际通用支付标准 NFC 相比没有优势。

运营商对移动支付标准的模糊不定,拖慢了自身移动支付业务的发展进程,在这期间,互联网企业策马奔腾抢占市场。阿里的支付宝用户数已接近 1 亿户,腾讯微信、新浪微博等社交应用也相继接入移动支付市场,后起发力 NFC,使运营商从原先的主动优势转变为如今的被动局面。

10.4.3 运营商需创新应用促进转型

移动支付业务的落后不仅仅是因为运营商在支付标准上的抉择失误,很大程度上也折射出运营商技术和观念的落后,以及面对市场变化反应滞后的缺点。

三大运营商在即时通信软件方面并非没有努力,甚至其推出的产品还曾经风靡一时,如中国移动的飞信、中国电信的翼聊以及中国联通的"沃联系"等,但由于与微信等应用相比不能及时更新以满足用户日益增长的通信需求,运营商的这些应用已江河日下。

在运营市场竞争已经白热化以及 OTT 企业严重冲击运营商传统业务的内忧外患形势下,运营商已在转变发展思维,进行去电信化转型以突围困境。其中,创新自己的应用是运营商转型的重要条件之一。例如,中国电信在新推出的易信上不断更新应用功能,与微信等应用对抗着。

而运营商抢占移动支付市场实则也是转型移动互联网,寻求利润新增点,促进自身转型的一项重要举措。其实,在移动支付领域运营商也有自己的优势,正如中国电信天翼电子商务有限公司上海分公司副总经理陈建立所言,在移动支付市场中,电信运营商具有客户群、认知度、网络资源三大优势,其中,认知度可以为运营商带来一定的品牌影响力以及信用优势,在支付安全问题爆发的年代,较高的社会认知度将为运营商的移动致富之路创造更良好的发展空间。由此,运营商需要做的是充分运用好自己的优势,积极进行创新,这样才能在残酷的市场竞争中处于不败之地。

上述内容已经明确中国移动支付市场呈现中寡头的市场结构,运营商要想在移动支付市场中占据一定的位置,在基础电信业开放过程中恰当地引进先进的移动支付企业,将会有助于运营商发展移动支付,将巨大的用户与数据优势体现出来。[①]

结论:中国基础电信业的开放已经从业务开放到网络开放再到所有权开放,这样与支付宝、微信支付的深入合作才能成为可能。依据中国移动支付市场交易的理论分析的机制设计,中国移动支付在中央银行的监管下才能引领世界移动支付革命的浪潮。

---

① 引自 http://www.chinadaily.com.cn/hqgj/jryw/2014-02-24/content_11276763.html。

参 考 文 献

[1] 中共中央马克思、恩格斯、列宁、斯大林著作编译局.马克思恩格斯选集(第四卷)[M].3 版.北京:人民出版社,2012.
[2] 奥尔森.国家兴衰探源——经济增长、滞胀与社会僵化[M].吕应中,等译.北京:商务印书馆,1999.
[3] 巴泽尔.产权的经济分析[M].费方域,段毅才,译.上海:生活·读书·新知三联书店,1997.
[4] 弗里德曼.弗里德曼文萃[M].胡雪峰,武玉宁,译.北京:首都经济贸易大学出版社,2001.
[5] 哈耶克.自由秩序原理[M].邓正来,译.北京:生活·读书·新知三联书店,1997.
[6] 罗斯托.这一切是怎么开始的——现代经济的起源[M].黄其祥,纪坚博,译.北京:商务印书馆,2014.
[7] 诺斯,托马斯.西方世界的兴起[M].厉以平,蔡磊,译.北京:华夏出版社,2009.
[8] 诺思.制度、制度变迁与经济绩效[M].杭行,译.上海:生活·读书·新知三联书店,2008.
[9] 凯恩斯.就业利息和货币通论[M].高鸿业,译.北京:商务印书馆,2005.
[10] 坎蒂隆.商业性质概论[M].余永定,徐寿冠,译.北京:商务印书馆,2011.
[11] 肯尼迪.大国的兴衰[M].陈景彪,等译.北京:国际文化出版公司,2006.
[12] 兰德斯.国富国穷[M].门洪华,等译.北京:新华出版社,2010.
[13] 里瓦尔.货币史[M].任婉筠,任驰,译.北京:商务印书馆,2001.
[14] 刘易斯.经济增长理论[M].郭金兴,等译.北京:机械工业出版社,2015.
[15] 帕廷金.货币、利息与价格:货币理论与价值理论的统一[M].邓瑞索,译.北京:中国社会科学出版社,1996.
[16] 斯密.国民财富的性质和原因的研究(上、下卷)[M].郭大力,王亚南,译.北京:商务印书馆,1972.
[17] 熊比特.经济发展理论——对于利润、资本、信贷、利息和经济周期的考察[M].何畏,易家详,张军扩,等,译.北京:商务印书馆,2000.
[18] 熊比特.经济分析史(第一卷)[M].朱泱,孙鸿敬,李宏,译.北京:商务印书馆,1996.
[19] 杨小凯,张永生.新兴古典经济学和超边际分析[M].北京:社会科学文献出版社,2003.
[20] 张宇燕.经济发展与制度选择——对制度的经济分析[M].北京:中国人民大学出版社,1992.

[21] Akerlof G. The Market for Lemons: Quality Uncertainty and the Market Mechanism[J]. Quarterly Journal of Economics, 1970,84(3):488-500.

[22] Bernheim B D, Whinston M D. Incomplete Contracts and Strategic Ambiguity[J]. American Economics Review,1998,88(4): 902-932.

[23] Biglaiser G. Middlemen as Experts[J]. Rand Journal of Economics, 1993,24(2): 212-223.

[24] Biglaiser G, Friedman J W. Middleman as Guarantors of Quality[J]. International Journal of Industrial Organization, 1994,12(4):509-531.

[25] Coase R H. The Nature of the Firm[J]. Economica, 1991, 4(16):386-405.

[26] Cooper R, Ross T. Price, Product Qualities, and Asymmetric Information to Facilitate Price Discrimination[J]. International Economic Studies, 1984(51): 197-207.

[27] Lewis T R, Sappington D E M. Supplying Information to Facilitate Price Discrimination[J]. International Economic Review, 1994,35(2): 309-326.

[28] Griliches Z. In Output Measurement in the Service Sectors [C]//Productivity in the Distributive Trades: The Shopper and the Economies of Massed Reserves. Chicago:The University of Chicago Press,1992:161-191.

[29] Rubinstein A, Wolinsky A. Middlemen[J]. Quarterly Journal of Economics,1987 (102): 591-593.

[30] Salop S, Stiglitz J. Bargains and Ripoffs: A Model of Monopolistically Competitive Price Dispersion[J]. The Review of Economic Studies, 1977(44): 494-510.

[31] Shapio C. Consumer Information, Product Quality, and Seller Reputation[J]. The Bell Journal of Economics, 1982(13):20-35.

[32] Tayor C R, Wiggins S N. Competition or Compensation: Supplier Incentives Under the American and Japanese Subcontracting Systems[J]. American Economic Review, 1997, 87(4):598-618.

[33] Willanmson O E. Markets and Hierarchies: Analysis and Antitrust Implications [M]. New York:The Free Press, 1975.

[34] Wolliamson S D. Federal Reserve Bank of Minneapolis[C]// Recent Developments in Modeling Financial Intermediation. [S. n. :s. l.], 1987: 19-29.

[35] Jean-Jacques L. Analysis of Hidden Gaming in a Three Level Hierarchy[J]. Journal of Law, Economics and Organization,1990(6):301-324.

[36] Jean-Jacques L, Maskin E S. The Efficient Market Hypothesis and Insider Trading on the Stock Market[J]. Journal of Political Economy,1990(98):70-93.

[37] Jean-Jacques L, Tirole J. Repeated Auctions of Incentive Contracts, Investment, and Bidding Parity with an Application to Takeovers[J]. Rand Journal of Economics, 1988(19):516-537.

[38] Spulber D F. Bargaining and Regulation with Asymmetric Information About Demand and Supply[J]. Journal of Economic Theory, 1988(44):251-268.

[39] Spulber D F. Optimal Nonlinear Pricing and Contingent Contracts[J]. Internation-

al Economic Review,1992(33):747-772.

[40] Spulber D F. Capacity-Contingent Nonlinear Pricing by Regulated Firms[J]. Journal of Regulatory Economics,1992(4):299-314.

[41] Spulber D F. Monopoly Pricing of Capital Usage Under Asymmetric Information[J]. Journal of Industrial Economics,1993(41):241-258.

[42] Spulber D F. Market Making by Price Setting Firms[J]. Review of Economic Studies,1996(63):559-580.

[43] Spulber D F. Market Mirostructure and Interdediation[J]. Journal of Economic Perspectives,1996(10):35-152.

[44] Spulber D F. The Market Makers:How Leading Companies Create and Win Markets[M]. New York:McGraw-Hill/Business Week Books,1998.